Peter Lückemeier

DIE SCHÖPFER DER WANDERHURE

Iny Lorentz im Gespräch

Besuchen Sie uns im Internet:
www.knaur.de

© 2016 Knaur Verlag
Ein Imprint der Verlagsgruppe
Droemer Knaur GmbH & Co. KG, München
Alle Rechte vorbehalten. Das Werk darf – auch teilweise –
nur mit Genehmigung des Verlags wiedergegeben werden.
Redaktion: Regine Weisbrod
Covergestaltung: ZERO Werbeagentur, München
Coverabbildung: FinePic®, München / Helmut Henkensiefken
Satz: Adobe InDesign im Verlag
Druck und Bindung: CPI books GmbH, Leck
ISBN 978-3-426-65379-1

2   4   5   3   1

Inhalt

Das Phänomen Iny Lorentz   7

Zwei Menschen   31

Kritik und Kampf   64

Durchbruch   81

Schreiben   97

Leben   154

Rat für angehende Autoren   169

Happy End   186

Das Phänomen Iny Lorentz

Als Erstes müssen Sie bitte erklären, wie es zu dem Auto-renennamen Iny Lorentz gekommen ist. Ich hatte immer gedacht, dahinter verberge sich eine einzige Person, näm-lich eine gewisse Dame namens Iny Lorentz. In Wirklich-keit besteht Iny Lorentz ja aus Ihnen beiden.

INY KLOCKE: Als der Knaur Verlag unser erstes Buch vorbereitete, »Die Kastratin«, wurden unsere beiden voll-ständigen Namen auf das Cover gesetzt, also Iny Klocke und Elmar Wohlrath. Zum einen sah das ziemlich wuchtig aus, zum anderen waren die Computer der Buchhandlun-gen damals noch nicht so perfekt, als dass man uns darin ohne weiteres gefunden hätte. Der Verlag bat uns, einen kürzeren Namen zu suchen. Elmars verstorbener Vater hieß mit Vornamen Lorenz. Da haben wir noch ein T ein-gefügt, damit es als Hausname gekennzeichnet ist und sich von dem Vornamen Lorenz optisch unterscheidet. Und wir schlugen »Iny und Elmar Lorentz« vor, was im Com-puter allerdings noch schwieriger zu finden war. Die Din-ger fanden uns weder unter Iny Lorentz noch unter Elmar Lorentz. Der Verlag fragte uns daraufhin: »Könnt ihr nicht einfach ›Iny Lorentz‹ verwenden? Das ist kürzer, sieht auf dem Cover gut aus, und man kann sich den Namen recht leicht merken.« Da mein Mann meinte, als »Lorentz« sei er ja zumindest indirekt dabei, war er einverstanden.

Woher kommt eigentlich »Iny«? Von welchem Namen ist das eine Kurzform?

INY: Ich sollte wirklich »Iny« heißen, nach einer mir unbekannten Vorfahrin. Da aber der Standesbeamte der Ansicht war, das sei kein Name, entschied mein Großvater, das Kind solle Ingrid heißen. Ich vermute, er dachte dabei an die damalige dänische Königin Ingrid. Und so steht bis heute »Ingrid« in meinen Papieren. Aber ich wurde nie anders als »Iny« gerufen. Mein seit der Heirat offizieller Name »Ingrid Klocke-Wohlrath« wäre auf dem Cover eines Buches noch sperriger.

❖ **»Ohne meinen Mann** ❖
könnte ich nicht schreiben.«

Meist erwecken die Texte auf den Rückseiten oder in den Seitenklappen Ihrer Bücher aber den Eindruck, als sei Iny Lorentz nur eine Person, und zwar eine weibliche. Nur manchmal wird erkennbar, dass Sie ein Paar sind.

ELMAR WOHLRATH: Es sind die älteren Bücher, bei denen angegeben wird, es handele sich um eine einzelne Autorin.

INY: Mich hat das immer geärgert. Ich habe sehr oft darauf hingewiesen, dass wir zu zweit schreiben, denn ohne meinen Mann könnte ich nicht schreiben. Er ist inhaltlich besser, ich bin für die Kontrolle zuständig, für das Sprachliche, für die Feinarbeit. Er ist der Geschichtenerzähler. Grob gesagt.

Darauf kommen wir ausführlich im Kapitel »Schreiben« zu sprechen. Lassen Sie uns zunächst das Phänomen »Iny Lorentz« etwas näher beleuchten. Sie bringen es auf eine Gesamtauflage von sagenhaften 10,8 Millionen verkauften Büchern – derzeit. Nur einmal eine Zahl zum Vergleich: 1959 erschien »Die Blechtrommel« von Günther Grass, für die er den Nobelpreis bekam. Dieses Ausnahmewerk der deutschen Literatur verkaufte sich in den ersten zwanzig Jahren seines Erscheinens 3 Millionen Mal. Die Gesamtauflage des Büchner-Preisträgers Erich Fried wird auf 300 000 geschätzt. Peter Rühmkorf, der ja ebenfalls den Büchner-Preis gewann, soll insgesamt 400 000 Bücher verkauft haben.

INY: Ja, wir wissen auch von einer befreundeten anerkannten literarischen Schriftstellerin, dass ihr Werk, das in der »Süddeutschen Zeitung« groß besprochen worden war, nur 1300 Mal verkauft wurde. Aber ein Kollege von uns, der wie wir selten in den Feuilletons auftaucht, bringt es auf die Gesamtauflage von rund 40 Millionen verkauften Büchern.

Wer ist das?

INY: Wolfgang Hohlbein. Er schreibt Horror, Science-Fiction, vor allem Fantasy. Kein anderer nach 1950 geborener deutscher Autor hat eine höhere Auflage als er. Aber Wolfgang hat sich auch zwanzig Jahre früher als wir auf den Hosenboden gesetzt.

ELMAR: Und selbst wenn wir so früh angefangen hätten wie er, müssten wir nach dem Dreisatz schon eine höhere Auflage erreicht haben.

Fast elf Millionen Gesamtauflage und so zahlreiche Titel – da könnte man ja annehmen, Sie hätten sich längst daran gewöhnt, dass die Paketpost mit neuen Belegexemplaren ankommt. Wie ist das aber wirklich? Können Sie sich über einen neuen Titel noch freuen?

INY: Oh ja, das ist noch immer ein tolles Glücksgefühl. Es ist jedes Mal wieder wunderschön. Meist bekommen wir vorab ein druckfrisches Exemplar. Mein Mann legt es dann gleich auf den Scanner, damit unser Freund Johannes es sofort auf die Homepage stellen kann. Johannes betreibt unsere eigene Homepage www.inys-und-elmars-romane.de. Das ist sein Hobby, er macht das kostenlos und ganz toll.

ELMAR: Es ist noch immer schön, ein neues Buch in unseren Trophäenschrank zu stellen. Dieser Schrank ist mittlerweile randvoll, nicht nur mit den deutschen Neuerscheinungen, sondern auch mit den übersetzten Ausgaben. Deshalb haben wir zwei weitere Trophäenschränke eingerichtet, die auch kurz vorm Platzen sind. Dennoch macht den Reiz des Ganzen nicht das Sammeln oder die Auflage oder das Erreichen von Rekorden aus, sondern das Schreiben.

Wissen Sie, in wie viele Sprachen Ihre Bücher übersetzt wurden?

ELMAR: Ich glaube, es sind vierzehn. Grundsätzlich muss man wissen, dass unsere Romane fürs Ausland eigentlich zu umfangreich sind, weil die Übersetzungskosten zu hoch werden.

Ich darf hier vielleicht einmal eine Art Plakat anschauen, mit dem Sie Ihre literarische Agentur aus Anlass der zehnjährigen Zusammenarbeit beehrt hat. Wohlgemerkt, alle Angaben stammen aus dem Jahr 2011. Da heißt es: 22 Verlage weltweit, 134 Stunden Reitunterricht für Alexandra Neldel, 7 Pseudonyme, 17 743 publizierte Buchseiten in ersten Auflagen, mindestens 120 000 gefahrene Kilometer zu Lesungen, 23 Hauptheldinnen, 1 Hauptheld, 51 Titel unter Vertrag, 8 473 281 verkaufte Exemplare. Und heute sind sämtliche Angaben deutlich höher. Stolz?

INY: »Stolz« ist, glaube ich, nicht das richtige Wort. Aber wenn Sie von einer gewissen Zufriedenheit darüber sprächen, von einer gewissen Genugtuung, dass wir es geschafft haben, obwohl andere nicht an uns glaubten, dann würden Sie unsere Gemütslage ganz gut treffen.

In welchem Land außer Deutschland sind Sie am erfolgreichsten?

ELMAR: In Polen.

Wie erklären Sie sich das?

ELMAR: Ursula Pawlik, Journalistin und Trüffelschwein für polnische Verlage, die auch für uns Polen entdeckt hat, meint, die Polen lieben meinen schrägen Humor.

INY: Gut, das ist das eine. Das andere ist, dass unsere polnische Verlegerin Sonia Draga enorm viel Werbung gemacht hat. Und nun liegen dort zurzeit unsere »Wanderhure«-Romane in fünfundzwanzig einzelnen Folgen als eine Art Broschüre oder kleines Taschenbuch einer Zeitung bei.

ELMAR: Nach Polen folgen Tschechien und Ungarn.

Auf den tschechischen Titeln heißen Sie »Iny Lorentzová«.

INY: Stimmt! Aber auch die Titel, die ins Französische übersetzt wurden, liefen ganz gut. Und 2014 erschien »Die Wanderhure« in Amerika als »The Wandering Harlot«.

Was wissen die Erfolgsschriftsteller Klocke und Wohlrath über ihre Leser?

ELMAR: Es sind mehr Frauen als Männer. Allerdings scheint sich das ein bisschen zu ändern. Zu unseren ersten Lesungen kamen 90 bis 95 Prozent Frauen. Heute ist das Verhältnis vielleicht 75 zu 25.

❖ **»Wir schreiben nicht für Intellektuelle.« (Elmar)** ❖

INY: Die Frauen kaufen die Bücher, und viele Männer lesen sie.

ELMAR: Wir wissen, dass unsere Leserinnen und Leser aus praktisch allen Gesellschaftsschichten stammen. Iny hatte, als wir noch arbeiten gingen, in der Firma einen Kollegen mit zwei Doktortiteln; der las unsere Bücher mit Begeisterung. Wir schreiben aber nicht für Intellektuelle, sondern für die ganz normalen Menschen.

INY: Die Leserinnen und Leser stammen aus allen Altersgruppen. Schon öfter kamen drei Generationen aus derselben Familie zu Lesungen – Großmutter, Mutter und Tochter. Zu einer Lesung in Weimar erschien eine fast Hundertjährige. Und wir haben erfahren, dass junge Mädchen in der Schule die Aufgabe bekommen, eine Facharbeit über ein Thema aus der »Wanderhure« zu schreiben. Es kommen zu den Lesungen aber auch junge Männer, die selbst angeblich nicht lesen und sich die Bücher für ihre Großväter signieren lassen. Und das scheint auch zu stimmen, denn wenn man wunschgemäß »Für Ingolf« oder »Für Eberhard« signiert, kommen Ingolf und Eberhard bestimmt nicht aus der jüngeren Alterskohorte. Und dann erzählen uns bei den Lesungen manche Menschen etwas, das uns besonders freut und auch ein bisschen stolz macht: dass sie nämlich durch unsere Bücher wieder angefangen haben zu lesen.

Weiß der Verlag, der Buchhandel mehr über Ihre Leser?

INY: Das wissen wir nicht.

Es gibt also keine entsprechenden Marketing-Direktiven des Verlags, dass Sie mehr für die Single-Frau um die vierzig oder den begüterten, verheirateten, katholischen Handwerksmeister mit Motorradführerschein schreiben sollten?

INY: Nein, wir wüssten auch gar nicht, wie das gehen sollte. Wir schreiben doch zunächst einmal die Geschichte auf, die uns spannend und interessant erscheint.

Denken Sie beim Schreiben an Ihre Leser? Haben Sie so etwas wie die idealtypische Leserin im Kopf?

INY: Bei mir ist das schon so. Bei meinem Mann weiß ich es nicht. Ich glaube, der denkt nur ans Schreiben.

ELMAR: Das stimmt, ich denke immer ans Schreiben. Ich überlege, wie formuliere ich und wie baue ich die Geschichte. Ich will, dass es spannend bleibt, logisch und nachvollziehbar.

Wenn Sie sagen, Sie wollen Spannung erzeugen, dann denken Sie dabei ja aber nicht nur an sich, sondern an den imaginären Leser, für den es spannend bleiben soll, oder?

ELMAR: In dieser Weise stimmt es.

INY: Wenn er langweilig schreiben würde, könnte ich es auch nicht überarbeiten. Dann würde ich ihm den Text zurückgeben.

ELMAR: Allerdings haben wir eine Freundin und Testleserin. Sie bekommt oft sogar meine Rohmanuskripte mit allen Fehlern, die ich oder das Autokorrektursystem gemacht haben. Von ihr kommt dann die erste Kritik.

INY: Du kannst ja ruhig sagen, dass sie Lektorin ist. Und zwar eine mit gefühlten fünfhundert Jahren Berufserfahrung.

Ist sie die Lektorin Ihres Verlags?

ELMAR: Nein, sie gehört zur literarischen Agentur Lianne Kolf, also der Agentur, die uns vertritt.

Sie sieht den Text, bevor Sie, Frau Klocke, ihn überarbeitet haben?

INY: Teilweise zumindest, weil sie auch sehr ungeduldig ist.

ELMAR: Sie bekommt meist ein knappes Drittel. Mit dem Rest muss sie warten, bis Iny fertig ist. Es gab allerdings einen Roman, den sie komplett bekommen hat. Das war aber auch einer, den sie selbst initiiert hatte.

Welcher war das?

ELMAR: Er wird 2016 erscheinen. Er spielt in der Stauferzeit, in Italien, genauer gesagt in Süditalien, in Apulien.

Und was war der besondere Wunsch der Lektorin?

ELMAR: Sie findet Friedrich II. so interessant und dachte, er müsse einen guten Romanstoff für uns hergeben.

Friedrich II. war Barbarossa?

ELMAR: Nein, Barbarossa war Friedrich I. Der Kaiser, den wir beschreiben, Friedrich II., war der Enkel Barbarossas.

Und das Leben Friedrichs II. fand Ihre Lektorin so interessant? Aus welchem Grund?

ELMAR: Sie hat sich viel mit der Stauferzeit beschäftigt. Sie hätte auch einen Roman über Barbarossa akzeptiert, aber über den gibt es schon so viele, so dass wir uns auf Friedrich II. geeinigt haben, nach temperamentvollen Diskussionen übrigens.

❖   **»Mit dem Endprodukt war unsere liebe**   ❖
Ingeborg zufrieden.« (Elmar)

INY: Die beiden waren sehr unterschiedlicher Auffassung.

ELMAR: Aber mit dem Endprodukt war unsere liebe Ingeborg, so heißt die Lektorin, dann doch sehr zufrieden.

Inwiefern werden überhaupt Stoffe an Sie herangetragen?

INY: Das kommt durchaus vor, aber dann meist mit einem einzigen Wort.

Zum Beispiel?

INY: Limes. Und: Siebzig Jahre Königreich Mallorca. Diese beiden Stoffe plus das Staufer-Thema sind an uns herangetragen worden, mehr nicht. Das heißt, vor vielen Jahren kam mal die Anregung, dass wir einen Roman über deutsche Auswanderer in Amerika schreiben sollten. Aber der Verlag wollte das nicht. Viele Jahre später haben wir dann die Grundidee aufgegriffen, den Stoff aber ganz anders umgesetzt und eine vierbändige Roman-folge daraus gemacht.

Wie heißt die?

ELMAR: »Das goldene Ufer«, »Der weiße Stern«, »Das wilde Land«, und das vierte wird wahrscheinlich »Der rote Himmel« heißen.

Sie beide sind jetzt in einem Alter, in dem die meisten Menschen in Rente gehen. Sie haben mit Ihrer imponie-renden Auflage einen großen Erfolg, auch wirtschaftlich. Sie könnten sich jetzt eigentlich zur Ruhe setzen. Dennoch arbeiten Sie pausenlos. Derzeit veröffentlichen Sie min-destens zwei Romane im Jahr. Warum hören Sie nicht auf?

INY: Was sollten wir denn dann machen? Däumchen dre-hen?

ELMAR: Wir müssen schreiben.

Ist der wirtschaftliche Aspekt für Sie noch ein Motiv?

❖   **»Ja, wir sind süchtig.« (Iny)**   ❖

INY: Es hat gar keinen Sinn, danach zu fragen. Wir schrei-ben nicht für Geld und nicht nur zum Vergnügen. Wie mein Mann sagt: Wir müssen schreiben.

Sie sind in gewisser Weise süchtig?

INY: Ja, wir sind süchtig.

Von Kindheit an?

INY: Ich habe schon als Kind unendlich viel gelesen. Lesen war mein Lebensinhalt. Ich konnte irgendwann nicht mehr ohne Buch das Haus verlassen, sonst hätte ich mich nicht wohl gefühlt. Einmal wollten Taschendiebe mir mein Portemonnaie aus der Tasche stehlen. Das ist ihnen nicht gelungen, weil die Geldbörse unter fünf Büchern lag. Ich habe später, als ich arbeitete, im Monat zweihundert Mark für Bücher ausgegeben. Wir haben hier in unserem Haus dreizehn- bis vierzehntausend Bände. Was Sie übrigens hier im Wohnzimmer hinter Glas sehen, das sind alles handsignierte Bücher anderer Autoren.

Wie ist das eigentlich mit Belegexemplaren? Sie müssen ja wahnsinnige Mengen davon bekommen haben.

ELMAR: Wenn ein Buch herauskommt, erhalten wir fünfzig Freiexemplare. Für jede weiteren zehntausend gedruckte Exemplare gibt es noch einmal zehn. Bei der »Wanderhure« kamen etwa anderthalbtausend Belegexemplare ins Haus. Das war einfach zu viel, das haben wir dann einstellen können.

Können Sie sagen, wie oft sich die »Wanderhure« verkauft hat?

INY: Da müssten wir nachschauen. Auf jeden Fall mit den Übersetzungen über zwei Millionen Mal.

Welcher ist der zweiterfolgreichste Ihrer Romane?

INY: Das weiß ich nicht. Da müsste ich in den Unterlagen nachsehen.

ELMAR: Wir schreiben unsere Bücher nicht wegen der Erfolge und Verkaufszahlen. Wir schreiben über das, was uns interessiert. Wir schreiben auch über Themen, von denen wir wissen oder annehmen, dass sie nicht so rasenden Absatz finden. Es werden dann vielleicht nur sechzig- oder siebzigtausend davon verkauft.

Sie sagen »nur«. Von solchen Auflagen träumen viele Autoren.

INY: Hier habe ich die Liste. Unser erfolgreichstes Buch, »Die Wanderhure«, hat sich bis heute genau 2 063 000 Mal verkauft. Inklusive der Lizenzen, also der Übersetzungen in fremde Sprachen. »Die Wanderhure« wird unser erfolgreichstes Buch bleiben.

Und die anderen Folgen der »Wanderhure«?

ELMAR: »Die Kastellanin« kommt auf 1 239 000, »Das Vermächtnis der Wanderhure« auf 1 015 000. Und dann geht die Zahl etwas runter: 677 000, 544 000.

Und die schlechteste Verkaufszahl eines Ihrer Bücher überhaupt?

ELMAR: Das war das Hardcover von »Flammen des Himmels« mit 61 965 Exemplaren.

❖   **»Gott sei Dank ausreichend.« (Elmar)**   ❖

Das sind ja alles wahnsinnige Größen.

ELMAR: Ja, Gott sei Dank ausreichend. Aber es geht uns nicht um Rekorde. Wir wollen auch nicht nur immer dieselben ausgetretenen Pfade gehen, deshalb widmen wir uns verschiedenen historischen Abschnitten, verschiedenen Orten und verschiedenen Themen.

Fühlen Sie sich durch Ihren enormen Auflagenerfolg eigentlich privilegiert?

INY: Nee, wieso denn?

Weil es so viele Menschen gibt, wahrscheinlich Hunderttausende, die das Gleiche wollen wie Sie, aber niemals auch nur annähernd an Ihren Erfolg heranreichen. Fühlen Sie sich nicht vom Schicksal begünstigt?

INY: Das Schicksal hat uns dafür keine Gründe gegeben.

ELMAR: Den Erfolg, den wir haben, bemerke ich daran, dass ich hin und wieder eine frisch gedruckte Buchausgabe in den Schrank stelle.

INY: Oder dass wir uns, wie geplant, einen Urlaub in Montegrotto in einem Thermalhotel leisten können. Und wir werden im Sommer mal wieder auf die »Mein Schiff 1« gehen, wo wir uns eine Suite leisten. Aber gar nicht so sehr wegen des Luxus, sondern weil sich enge, kleine Räume nicht gut auf mein Asthma auswirken.

Werden Sie eigentlich auf solchen Schiffen erkannt?

INY: Es kommt vor, aber eher selten. Einmal hat sich ein vielleicht zwölfjähriges Mädchen mit uns fotografieren lassen, ein anderes Mal sprach uns eine nette Dame vom Servicepersonal an, die wie unsere Hauptperson ausgerechnet Marie hieß. Ein Passagier hatte auch mal ein Buch von uns dabei und hat es sich dann signieren lassen.

ELMAR: Gott sei Dank geschieht das selten.

❖ **»Aber wir sind ja selbst auch freundlich.« (Iny)** ❖

Grundsätzlich begegnen Ihnen Ihre Leser freundlich?

ELMAR: Freundlich, munter, manchmal ein bisschen scheu. Aber eigentlich immer angenehm. Bei Lesungen ist es hinterher unterschiedlich. Manchmal muss man die Leute ein bisschen locken, damit sie sich zu Wort melden, manchmal sprudeln die Fragen nur so.

INY: Aufdringlich sind die Menschen eigentlich nie, auch nicht auf der Buchmesse. Aber wir sind ja selbst auch freundlich. Bei Lesungen zum Beispiel warten wir nicht die Anfangszeit ab und kommen dann wie Stars herein, sondern wir sitzen schon vorher da und schauen den Leuten beim Reinkommen zu. Und ich winke dann auch schon mal mit dem Kuli, falls jemand bereits vor der Veranstaltung ein Buch signiert haben will.

Sie könnten ja auch sagen: »Wir haben elf Millionen Bücher verkauft, warum sollten wir uns noch mit Lesungen abmühen.«

ELMAR: Aber wir wollen den Kontakt zu unseren Lesern nicht verlieren. Außerdem machen wir nicht so viele Lesungen. Im Jahr 2014 waren es vielleicht elf oder zwölf.

INY: Manchmal veranstalten wir Lesungen als Geschenk an Freunde und an Uralt-Fans. Wir haben beispielsweise einen weiblichen Fan, eine ganz liebe, freundliche Frau. Als sie geheiratet hat, waren wir zu Gast bei der kirchlichen Trauung und haben am Tag danach eine Lesung zu ihren Ehren gemacht. Die beiden sind an einen Extratisch gesetzt worden, mit Herzchen drüber.

Ich stelle mir Lesungen bei Ihren Sujets ja gar nicht so leicht vor. Sie müssen wahrscheinlich immer irgendwo mittendrin in einem Roman anfangen, oder?

ELMAR: Wir stellen zunächst die Hauptpersonen vor und den wichtigsten Antagonisten. Dann lesen wir vier Szenen vor.

Abwechselnd?

INY: Jeder für sich liest eine Szene. Satz für Satz oder Absatz für Absatz sich abzuwechseln, das finden wir nicht so gut.

Schauspielern Sie dabei?

INY: Nein, aber wir lesen bei den Dialogen mit leicht veränderten Stimmen. Die männlichen Stimmen härter, die weiblichen etwas weicher.

Ich habe jetzt viele Ihrer Werke als Hörbücher angehört. Die schienen mir stark gekürzt zu sein.

INY: Ja, die Hörbücher erscheinen bei Lübbe Audio und fassen den Inhalt immer auf sechs CDs zusammen. Die Romane sind hier in der Tat sehr gekürzt und geben den reinen Kern der Handlung wieder.

ELMAR: Wobei es neuerdings auch Gesamtlesungen gibt.

Wie sind Sie mit der Sprecherin zufrieden?

INY: Anne Moll hat eine großartige Stimme, sie macht das wunderbar. Zumal sie ja auch wesentlich dazu beigetragen hat, dass der Hörbuch-Version der »Wanderhure« die Goldene Schallplatte verliehen wurde.

Für wie viele Exemplare gibt es diese Goldene Schallplatte?

INY: Für mehr als 100 000 verkaufte Hörbücher. Wir haben, glaube ich, sogar 110 000 verkauft.

Ihre Schicksalsjahre heißen 2003 und 2007. 2003 veröffentlichten Sie mit »Die Kastratin« Ihren ersten historischen Roman, der gleich ein Erfolg wurde. Seit 2007 leben Sie als freie Schriftsteller. Das heißt, Sie konnten Ihre Brotberufe aufgeben. Welche Jahre waren für Sie noch besonders wichtig?

ELMAR: Ich würde auch noch das Jahr 2010 hervorheben. In diesem Jahr wurde die Verfilmung der »Wanderhure« ausgestrahlt.

INY: Und natürlich 1978, das Jahr, in dem wir uns kennenlernten.

ELMAR: Im Jahr 2000 habe ich die Rohschrift der »Kastratin« begonnen. 2002 hat Knaur den Roman angekauft. Auch das waren wichtige Daten.

Die Zusammenarbeit mit Knaur läuft seit 2002 oder länger?

ELMAR: Unser erstes Buch bei Knaur ist 2003 erschienen. Das war »Die Kastratin«. Angekauft worden war dieser Titel 2002. Also 2002 ist für uns ein Einschnitt, ein Schicksalsjahr, denn da hat Knaur auf einen Schlag drei weitere Romane von uns angekauft, ehe der erste erschienen war.

Das waren?

ELMAR: »Die Wanderhure«, »Die Goldhändlerin« und »Die Kastellanin« als Fortsetzung der »Wanderhure«.

Darauf kommen wir dann noch ausführlich im Kapitel »Durchbruch«. Sagen Sie jetzt bitte: Wenn Sie sinngemäß behaupten, Ihnen bleibe gar nichts anderes übrig, als zu schreiben, beruht das dann ganz auf Ihrem innersten Antrieb, oder steckt dahinter auch der Druck des Verlags? Weil Sie bis zum Jahr 2018 pro Jahr zwei Titel liefern müssen?

❖　　**»Wir können nicht anders.« (Elmar)**　　❖

ELMAR: Mit Druck hat das nichts zu tun, sondern ausschließlich mit dem eigenen Antrieb. Wobei man sagen muss, dass wir sehr gut in der Zeit liegen. Wir müssen bis 2018 eigentlich nur noch zwei Romane schreiben und einen, der so gut wie fertig ist, noch in die endgültige Form bringen.

Aber zurück zur Frage: Müssen Sie schreiben oder sollen Sie?

ELMAR: Ganz klare Antwort: Wir müssen. Wir können nicht anders.

INY: Einmal waren wir sehr erschöpft und machten Urlaub. Wir gingen aufs Schiff und beschlossen, diesmal unsere Laptops zu Hause zu lassen, weil wir uns wirklich ausruhen wollten. Am dritten oder vierten Tag finde ich Elmar in der großen Schiffsbar. Und was macht er? Er schreibt auf Servietten.

ELMAR: Ein anderes Mal waren wir bei einer Nordlandfahrt siebzehn Tage auf See. Ich war mit dem Lesen fertig, mit den Notizen und mit der Recherche, die wir uns vorgenommen hatten. Nun saß ich an Bord und starrte aufs Wasser. Ich konnte es kaum erwarten, endlich wieder zu Hause zu sein.

Obwohl Sie so viele Bücher veröffentlicht haben, wird der Name »Iny Lorentz« weitgehend mit der »Wanderhure« identifiziert. Wie sind Sie auf diese Figur und diesen Begriff gekommen?

INY: Wir sind gar nicht darauf gekommen.

Aber dann sind Sie darauf gestoßen?

ELMAR: Auch nicht.

Erzählen Sie bitte.

ELMAR: Die ganze Geschichte verlief so: Meine Frau wollte wissen, wie es damals zu den Zeiten des Konzils in Konstanz wirklich zuging. Es gab ja diesen Ausspruch des Oswald von Wolkenstein, der etwa so lautete: »Als die Konzilteilnehmer nach Konstanz kamen, gab es dort drei Hurenhäuser. Als wir die Stadt wieder verließen, gab es nur noch eines; aber das reichte von einem Stadttor zum anderen.«

INY: Das war die Version, die ich damals gelesen hatte. Es gibt neuerdings eine andere.

ELMAR: Wir haben dann recherchiert, wie wir das ja immer machen, und wollten einen Roman rund ums Konzil schreiben. Wir brauchten dafür eine Hauptfigur. Uns war klar, dass das eine Hure sein musste und dass wir schildern mussten, wie sie zur Hure wurde. Und als ich dann von dem Konstanzer Hurenaufstand las, wusste ich, dass dieser den Höhepunkt unseres Buches bilden musste. Je nach Quellenlage – es gibt da unterschiedliche Zahlen – hatte man damals zwischen 800 und 1600 Huren aus ganz Europa nach Konstanz geholt. Bei 6000 Einwohnern und bei 60 000 Konzilbesuchern auf dem Höhepunkt war das eine Menge.

INY: Zuvor war Konstanz eine sehr solide Stadt.

ELMAR: Immerhin Sitz eines Fürstbischofs.

Jetzt habe ich noch nicht verstanden, wie Sie auf das Wort
»Wanderhure« gekommen sind.

ELMAR: Wir sind ja gar nicht selbst darauf gekommen.
Wir haben unser Manuskript brav bei der Agentur abgeliefert. Es trug den Titel »Die Hübschlerin«.

Ist doch ein schöner Begriff.

INY: Fanden wir auch.

ELMAR: Aber unsere liebe Agentin Lianne Kolf sieht uns
an und sagt: »Die Hübschlerin – den Begriff kennt doch
heute keiner mehr. Wovon handelt der Roman? Er handelt
von einer wandernden Hure. Also nennen wir ihn ›Die
Wanderhure‹. Punkt.« Der Verlag war gar nicht amused,
denn bei Knaur war zuvor der Roman »Der Wanderchir-
urg« von Wolf Serno erschienen. Aber irgendwie hat sich
der Titel im Verlag dann doch durchgesetzt, wir nehmen
an, dass der verlegerische Geschäftsführer Hans-Peter
Übleis die Sache selbst entschieden hat.

Aber auch wenn Sie den Begriff nicht erfunden haben –
»Wanderhure« hat ja etwas sehr Suggestives. Wenn man
das Wort hört, ist man entweder amüsiert oder es entste-
hen im Kopf beinahe automatisch Bilder. Oder man macht
wie Harald Schmidt einen Gag daraus: »Ich kannte den
Begriff ›Wanderhure‹ gar nicht mehr. Für mich hieß das
Spielerfrau.«

ELMAR: Als wir damals von der Agentur nach Hause
zurückgingen, sagte Iny zu mir: »Du wirst sehen, wir

werden zeit unseres Lebens mit diesem Begriff konfrontiert werden.« Aber ich muss sagen: Mir ist eine hohe Auflage von »Wanderhure« lieber als eine niedrige von »Hübschlerin«.

❖ »Manche fragen nach der Wanderbuche.« (Iny) ❖

Was, glauben Sie, geht im Kopf eines Menschen vor, der in einer Buchhandlung zum ersten Mal auf dieses Wort stößt?

INY: Angesichts dessen, dass manche nach einer »Wanderbuche« oder einer »Wanderuhr« fragen, scheinen sie sich ein bisschen zu schämen.

ELMAR: Es sind meist ältere Männer, die für die Ehefrau das Buch kaufen müssen und dann leicht verlegen nach der »Wanderuhr« fragen. Oder nach der »Wanderbuche«.

❖ **»Leider sind nur vier Sexszenen drin, tut uns furchtbar leid.« (Iny)** ❖

INY: Die Leute werden rot und stottern, hat man uns erzählt.

Kann es nicht auch sein, dass vor allem männliche Leser sich mehr Sexszenen von dem Titel versprechen, als tatsächlich im Roman vorkommen?

INY: Ja, das ist gut möglich. Leider sind nur vier Sexszenen drin, tut uns furchtbar leid.

28

In anderen Ihrer Bücher kommt mehr Sex vor, oder?

INY: Nein.

ELMAR: Unsere Agenturlektorin beanstandet schon mal, dass die erste Sexszene erst auf Seite 442 kommt. Sie fragt dann: »Könnt ihr da nicht vorher was machen?« Und ich sehe sie dann an: »Kannst du mir sagen, wo ich das einbringen soll, an welcher Stelle?« Sie bittet: »Zeigt wenigstens, dass sie ein gewisses Interesse aneinander haben.« Bei der »List der Wanderhure« wollte sie zum Schluss noch einmal den Kaiser Sigismund mit Isabelle im Bett sehen. Da sah ich sie an und meinte: »Liebe Ingeborg, das hat der Mann nicht verdient.«

INY: Man unterstellt uns, dass es bei uns alle zwanzig Seiten zur Sache gehen würde, aber das entspricht nicht den Tatsachen. Sex kommt bei uns vor, wo er sich ergibt, nicht um der Auflage willen.

ELMAR: Es soll ja amerikanische Verlage geben, die ihren Autoren zur Auflage machen, dass alle zwanzig oder alle vierzig Seiten eine Sexszene kommt. Solchen Regeln würde ich sehr ungern folgen.

❖ **»Sie hätte auch Julius Cäsar** ❖
zum Kürzen gebracht.« (Elmar)

Die Agenturlektorin äußert also gelegentlich Wünsche. Ist sie sehr energisch?

INY: Kann man so sagen.

ELMAR: Sie hätte Julius Cäsar bei der Überarbeitung des Manuskripts von »De bello Gallico« locker dazu gebracht, fünfzig Seiten zu kürzen.

Und nimmt der Verlag Einfluss?

INY: Gar nicht. Nur einmal. Da hieß der Wunsch: »Schreibt einen Roman, den wir als E-Serial bringen können.«

ELMAR: Also als E-Book-Serial. Als wir ja sagten, meinten sie: »Dann bitte in einem halben Jahr.«

INY: Da hätte ich die Leute erwürgen können.

ELMAR: Wir haben's geschafft, doch danach waren wir ein Vierteljahr krank. Teilweise habe ich vierzehn Stunden hintereinander am Computer gesessen. In diese Zeit fiel dann auch noch unsere dreiwöchige Recherchetour gemeinsam mit unserer Lektorin nach Italien in Sachen Staufer, die wir nicht mehr rückgängig machen konnten. Während unsere Lektorin durch Manfredonia oder am Strand spazierte, saßen wir über unsere Laptops gebeugt.

INY: Aber wir wollen uns nicht beklagen. Es ist die Lebensform, die wir uns ausgesucht haben: recherchieren und schreiben und korrigieren und schreiben und korrigieren und wieder schreiben. Immer so weiter. Schön.

ELMAR: Es ist unser Leben.

Zwei Menschen

In diesem Kapitel wollen wir ein bisschen über Ihre Biographien reden. Sie sind jetzt seit rund fünfunddreißig Jahren verheiratet und arbeiten seit beinahe ebenso langer Zeit zusammen. Was ist das Erfolgsrezept Ihrer Ehe?

INY: Das ist bei uns ja gar keine Frage. Wir haben uns übers Schreiben kennengelernt. Und wir leben fürs Schreiben. Wir haben gefunden, dass wir gut miteinander auskommen, gut miteinander reden können.

Falls Ihr Mann mal nicht schreibt.

INY: Ja gut, früher hatte er mehr Zeit zum Reden, als er noch nicht pausenlos mit dem Schreiben beschäftigt war.

ELMAR: Ich versuche auch heute noch, hin und wieder zu reden. Aber wenn Sie nach einem Erfolgsrezept fragen, dann sage ich: gegenseitige Rücksichtnahme. Wenn einer im Urlaub in die Berge will und der andere ans Meer, dann sollte derjenige, der in die Berge möchte, sagen: »Okay, dann fahren wir dieses Jahr ans Meer.« Und der andere, der ans Meer wollte, sagt dann am besten: »Im nächsten Jahr geht es aber in die Berge.« Im Übrigen habe ich eines gelernt: Auch wenn ich von den Vorschlägen meiner Frau nicht immer begeistert war, war es letztlich doch immer schön. Ich denke, du siehst das genauso.

INY: Ja. Bei mir kommt hinzu, dass ich sowieso bereitwillig auf Reisepläne eingehe, weil ich nicht gern mehrfach an denselben Ort fahre. Ich habe keine Sehnsucht nach einer zweiten Heimat.

❖   **»Wir machen jeden Ausflug mit.«** (Iny)   ❖

ELMAR: Ein interessantes Urlaubsziel muss anregend sein.

INY: Museen und Sehenswürdigkeiten vorweisen können. Wir sammeln ja immer Informationen. Wir fahren beide sehr gern auf dem Kreuzfahrtschiff »Mein Schiff«. Aber das würden wir nicht tun, wenn es nur so auf dem Meer herumschippern würde. Wir bleiben nie an Bord, wenn das Schiff einen Hafen ansteuert. Wir machen jedes Mal einen Ausflug oder eine Führung mit. Was oft sehr anstrengend ist.

Wenn Sie einander mit drei Eigenschaften beschreiben sollten, welche wären das?

INY: Fang du an.

ELMAR: Sehen Sie, so ist es immer, das wäre fast schon Inys erste Eigenschaft. Aber im Ernst: sensibel, zielstrebig und sehr bewusst.

INY: Andere würden sagen: stur.

Erkennen Sie sich darin wieder?

INY: »Sensibel« hieße bei anderen wahrscheinlich »überempfindlich«. Zielstrebig, das stimmt.

ELMAR: Du weißt, was du willst.

INY: Ich habe sehr früh in meinem Leben vier Vorsätze gefasst, da war ich ziemlich jung, eigentlich noch ein Kind. Ich wollte erstens irgendwann ein Buch schreiben, das man im Buchhandel kaufen kann. Ich wollte ein eigenes Haus und nicht den Kasten meines Großvaters. Drittens wollte ich einen Beruf, mit dem ich notfalls eine Familie ernähren könnte. Und viertens wollte ich einen Menschen finden, mit dem ich Geschichten erzählen kann.

Hat doch alles geklappt.

INY: Ja, hat alles funktioniert. Ich wollte auch heraus aus meinem angestammten Spießbürgermilieu der kleinen städtischen Beamten, und ich wollte niemandem dankbar sein müssen. Ich habe in meinem Leben jede Möglichkeit ergriffen, die sich mir bot. Ich habe zugegriffen, wenn ich gemerkt habe, da komme ich weiter.

❖ **»Ich bin in vielen Dingen eine Mimose.«** ❖
(Iny)

Und mit den Prädikaten »sensibel« oder gar »überempfindlich« können Sie leben?

INY: Ja, ich bin in vielen Dingen eine Mimose, bin sehr verletzlich. Bei allem, was das Schreiben betrifft, bin ich tatsächlich empfindlich bis überempfindlich. Wenn ich im Internet einen Satz über eines unserer Bücher lese, der da lautet: »Das ist ein Pissbuch und gehört in die Toilette«, dann trifft mich das.

Und nennen Sie jetzt bitte drei Eigenschaften Ihres Mannes?

INY: Man kann gut mit ihm reden. Aber das ist ja keine Eigenschaft.

❖　　　　　**»Elmar ist sehr fürsorglich.«**　　　　　❖

Ist er vorurteilsfrei?

INY: Mein Mann ist sicher nicht ganz ohne Vorurteile. Aber er hört hin. Er lässt sich mit guten Argumenten überzeugen. Da er vom Land stammt, ist er eher traditionellen Vorstellungen verhaftet. Er ist fleißig. Und er ist sehr fürsorglich. Er achtet darauf, dass es mir gutgeht.

Ich schlage vor, dass wir uns nun mit Ihren Lebensläufen beschäftigen, ehe wir dann schauen, wie diese beiden Individuen zueinanderfanden.
Sie, Frau Klocke, wurden am 24. Juni 1949 in Köln geboren. Sie sprechen aber nicht Kölsch.

INY: Meine Großmutter, die mich großgezogen und geprägt hat, stammte nicht aus dem Rheinland. Ob meine Mutter Kölsch sprach, weiß ich gar nicht. Mein Großvater war eine Kölsche Jong, aber den Dialekt habe ich nicht von ihm übernommen.

Was ist Ihre erste Erinnerung?

INY: Dass ich im Bett saß und ganz erschrocken dem Lärm draußen gelauscht habe.

Wie alt mögen Sie da gewesen sein?

INY: Vier.

Haben Sie Geschwister?

INY: Eine Halbschwester, die fünfzehn Jahre jünger ist.

Ihr Vater?

INY: War Flieger im Krieg, musste wegen des Kriegs sein Studium abbrechen. Er war dann Techniker bei den Toledo-Werken. Er beschäftigte sich mit Waagen, auf denen ganze Eisenbahnwaggons gewogen werden konnten. Viel mehr weiß ich nicht über ihn. Ich bin als Scheidungswaise bei meinen Großeltern aufgewachsen.

Was bedeuteten Ihnen Bücher?

INY: Sehr viel, beinahe alles. Bücher waren meine Welt. Ich durfte nicht mit anderen Kindern spielen. Da blieb mir gar nichts anderes übrig, als zu lesen.

Warum sollten Sie sich von anderen Kindern fernhalten?

INY: Mein Großvater war ein schwieriger Mann. Er verstand sich nicht mit seinen Nachbarn. Er wollte wohl nicht, dass ich mit diesen Nachbarn zu tun hatte, deswegen sollte ich allein spielen.

Haben Ihre Großeltern Sie zum Lesen angeleitet?

INY: Jedenfalls nicht direkt, aber meine Großmutter war im Lesen sicherlich ein Vorbild, denn sie brachte Büchern große Wertschätzung entgegen, sie war auch im Buchclub Bertelsmann. Seltsamerweise – das wurde mir erst im Nachhinein bewusst – habe ich sie aber nie lesen sehen. Vielleicht tat sie das, wenn mein Großvater arbeiten ging und ich in der Schule war. Ich muss wohl schon früh Interesse an Büchern gezeigt haben. Da meine Großmutter nicht die Zeit hatte, mir dauernd vorzulesen, brachte sie mir das Lesen bei. Ich konnte schon mit vier Jahren Großbuchstaben lesen. Mein erstes Buch hieß »Jumbo, der Elefant«. Ob ich alles kapiert habe, weiß ich nicht. Meine Großmutter hat oft gesagt, sie wäre so gern Schriftstellerin geworden. Ich verstand gar nicht, was das heißen sollte, Schriftstellerin.

Möglicherweise dennoch eine frühe Prägung.

INY: Ja, das ist möglich. Zu meinen Wünschen im Alter von zwölf zählte dann ja auch, ein Buch zu schreiben, das im Buchhandel liegen sollte.

❖ **»Mein Gott, war das herrlich!« (Iny)** ❖

Welche Bücher haben Sie besonders beeindruckt?

INY: Ich habe dermaßen viel gelesen, dass ich das so nicht sagen kann. Ich bekam Ärger mit meiner Großmutter, weil ich mir von der Fahr-Bücherei – das waren Busse als mobile Bibliotheken – drei Bücher pro Woche auslieh. Das verbot sie mir, ich durfte dann nur noch zwei nehmen. Was dazu führte, dass ich mir die absolut dicksten auswählte. Ich las, wo ich ging und stand, auch mit dem Staubsauger in der einen, einem Buch in der anderen Hand. Doch, an ein Buch kann ich mich gut erinnern: »Das Recht der Hagestolze« von Julius Wolff. Das spielt im Rittermilieu am Neckar. Ich weiß auch noch genau, dass ich mich für die Welt der kleinen Leute interessierte, ich wollte wissen, wer die Eltern und Großeltern meiner Großeltern waren, wie sie gelebt hatten – die Welt der Kaiser und Könige kannte ich aus den Büchern und aus der Schule zur Genüge.

Und haben Sie etwas erfahren über Ihre Vorfahren?

INY: Meine Urgroßeltern waren Handwerker, von meines Vaters Seite Postbeamte. Ganz früher muss die Familie zum Kleinstadel gehört haben und den Titel verkauft haben. Ich habe heute noch das Siegel der »von Klockes«. Wie der Verkauf solcher Adelstitel genau vonstattenging, weiß ich nicht. Aber das Größte für mich war ein Fund in der Stadtbibliothek: »Wirtschafts- und Sozialgeschichte des Mittelalters«. Das war staubtrocken. Aber, mein Gott, war es herrlich, dieses Buch zu lesen! Der Autor, wahrscheinlich ein Professor, war für mich ein Segen. Ich habe von ihm lernen können, wie die Menschen früher gelebt haben, die kleinen Leute, die normalen Menschen.

Wie alt waren Sie da?

INY: Da muss ich acht oder neun gewesen sein. Aber ich las auch schon Zeitungen. Ich erinnere mich gut, mit welchem brennenden Interesse ich alles über den Untergang der »Pamir« verfolgte.

Was war die »Pamir«?

INY: Ein Segelschiff.

ELMAR: Ein deutsches Segelschulschiff der Handelsmarine. Das hat Getreide aus Südamerika nach Deutschland gebracht.

INY: Die Ladung verrutschte im Sturm, im Hurrikan Carrie. Das Getreide war nicht in Säcke gefüllt, sondern in den Laderaum gepumpt worden. Darüber stand im »Stern« ein Riesenbericht. Das muss 1957 gewesen sein, ich war eigentlich noch viel zu jung, um mich mit solchen Katastrophen zu befassen. Ich habe auch Alpträume davon bekommen, aber es hat mich fasziniert. Seit dieser Zeit interessiere ich mich für die Schifffahrt. Ich habe alle Bände von Arnold Kludas über die Entwicklung der Dampfschifffahrt gelesen. Der Stapel, den Sie hier in diesem Schrankfach sehen, betrifft lauter Schiffe, aber es ist nur einer von mehreren.

Ihr ganzes Haus ist ja voller Bücher.

INY: Wir schätzen, dass unsere Bibliothek mehr als dreizehntausend Bände umfasst. Unsere Agentin sagt, wir seien die einzigen Autoren, die sie kennt, denen man mit Büchern eine Freude machen kann. Zu Weihnachten oder zum Geburtstag schenkt Elmar mir immer Bücher, meist Bildbände mit ergänzenden Texten – von der Evolution über Schiffe bis zu Wölfen in Deutschland. Ich kann von Büchern nicht genug bekommen.

Wie oft kommen Sie heute noch zum Lesen?

INY: Leider zu selten, am ehesten noch auf unseren Reisen. Zu Hause reicht es oft nur zum Schmökern in den Bildbänden, die mein Mann mir regelmäßig schenkt. Da lese ich die Begleittexte und Bildunterschriften, aber sonst kommt – vor allem im Vergleich zu früher – bei mir das Lesen unter all der Beschäftigung mit unseren eigenen Texten zu kurz.

❖   **»Ich lese vor allem zweckgebunden.« (Elmar)**   ❖

Und bei Ihnen?

ELMAR: Auch ich würde gern mehr auf die Art lesen, wie ich es früher getan habe. Also mich überraschen lassen durch Sachbücher und Belletristik. Dazu komme ich am ehesten wie Iny im Urlaub. Sonst lese ich vor allem zweckgebunden, also für die Recherche zum jeweiligen Buch, das wir gerade in Arbeit haben oder das wir vorbereiten. Ich brauche für jedes Projekt mehrere Bücher.

INY: »Mehrere« ist eine Untertreibung. Ich habe mal nachgezählt, es sind achtzehn bis zweiundzwanzig. Für den Roman, der 2015 herauskam, sind es zwei dicke Stapel. Übrigens zum Anschaffungspreis von sechshundert Euro.

Recherchieren Sie nicht vor allem im Internet?

ELMAR: Nein, das Internet nutzen wir nur für ganz spezielle Dinge wie Namenslisten oder beispielsweise Indianersprachen. Da haben amerikanische Universitäten oft hervorragende Websites.

INY: Bei unseren Recherchereisen machen wir Fotos, wir sammeln Bücher, Kataloge und Prospekte ein – in unseren VW-Bus passt ja eine ganze Bücherkiste. Mein Mann fotografiert Informationstafeln in den Museen. Wir haben eine Riesensammlung von Fotos, Informationsbroschüren und Museumskatalogen.

❖ **»Zum ersten Mal geschrieben** ❖
habe ich mit zwölf.« (Iny)

Wann verspürten Sie den ersten Impuls zu schreiben?

INY: Ich denke, das war im Alter von zwölf Jahren – so, wie auch Elmar mit zwölf Jahren seine ersten Texte zu Papier gebracht hat. Wir hatten eine Hundezucht – deutsche Boxer –, und da gab es zahllose Geschichten rund um diese Hunde. Die habe ich aufgeschrieben.

Da waren Sie Schülerin und besuchten das Gymnasium?

INY: Ich habe das Gymnasium zunächst nicht geschafft und erst einmal die Volksschule, die heutige Hauptschule, mit der achten Klasse zu Ende gebracht. Danach habe ich zwei Jahre als Pflegerin für Hunde und Pferde gearbeitet. Dann sollte ich nach dem Willen meines Großvaters Kaffeemädchen in einer feinmechanischen Fabrik werden.

Kaffeemädchen?

INY: Das waren junge Mädchen, die den Angestellten und den Arbeitern Kaffee brachten, eine Art Vorstufe zur Arbeiterin am Fließband. Aber diese Idee fand ich nicht so gut. Deshalb habe ich kurz vor dem 1. April – damals war das noch der Termin, an dem die Lehrverhältnisse begannen – meine arme Großmutter zu einem Arzt geschleppt, der eine Arzthelferin als Lehrling suchte. Meiner Großmutter gefiel dieser Gedanke. Arzthelferin war in ihren Augen ein sehr schöner Beruf, denn sie hatte 365 Krankheiten im Jahr. Und so war ich plötzlich Arzthelferin-Lehrling. Dachte ich jedenfalls. Doch irgendwann stellte ich fest: Das war ja gar keine richtige Ausbildung, sondern ein sogenannter Anlernberuf.

Wieso war das wichtig?

INY: Weil man eine Lehre abgeschlossen haben musste, eine regelrechte Ausbildung, wenn man zum Abendgymnasium zugelassen werden wollte. Ich hatte aber Glück, denn die Bestimmungen für Arzthelferinnen wurden in meinem zweiten Lehrjahr geändert, und von da an galt der Beruf. Daher hat das Abendgymnasium mich aufgenommen. Nun brauchte ich einen Bürojob, der mich zeitlich nicht allzu sehr belastete. Ein Bekannter verschaffte mir schließlich eine Stelle als Datentypistin.

❖ »Toilette? Da wurde schon genau geschaut.« (Iny) ❖

Das war in den Vorzeiten des Computers?

INY: So ungefähr. Wir arbeiteten mit Lochkarten und mussten Bestellungen und alle Arten von Zahlen für die Buchführung eintippen. Wir arbeiteten im Akkord, unsere Arbeit wurde im wahrsten Sinne des Wortes gewogen. Man musste mit dem Klingelzeichen die Finger auf der Tastatur haben, mit dem nächsten Klingelzeichen durfte man sie wieder herunternehmen. Zwar durfte man zur Toilette gehen, aber da wurde schon genau geschaut, wie lange das dauerte.

War das stressig?

INY: Schon. Zudem war ich keine Heldin im Tippen. Habe auch nie das Zehnfingersystem gelernt. Bis heute nicht. Elmar schreibt mit sechs Fingern, aber das nur nebenbei.

Nebenher besuchten Sie das Abendgymnasium. Wie alt sind Sie da ungefähr?

INY: 1972 habe ich das Abendgymnasium mit dem Abitur beendet. Da war ich dreiundzwanzig Jahre alt. Aber der Weg zum Abi war nicht schnurgerade. Ich wohnte anfangs noch zu Hause, das ging allerdings nicht gut. Da brach ich das Abendgymnasium ab, was das Ende dieser Ausbildung bedeutet hätte. Denn man nahm dort niemanden wieder auf, der einmal hingeschmissen hatte. Bei mir war aber eine Operation notwendig geworden, und mit dem ärztlichen Attest in der Hand durfte ich den Besuch des Abendgymnasiums wieder aufnehmen. Im Krankenhaus hatte ich mich sehr in die Lehrbücher vertieft. Als ich dann zurück war, profitierte ich von dieser Lernphase im Krankenbett und schrieb plötzlich gute Noten. Das Abi habe ich dann mit einer Eins vor dem Komma gemacht.

Was für ein Gefühl war das, nach diesem harten Weg das Abitur in der Tasche zu haben?

INY: Ich war sehr erleichtert. Aber ich war zu erschöpft, um dieses Glück genießen zu können. Und diese Erschöpfung hielt an. Mit der sehr guten Note konnte ich Medizin studieren, was ich auch tat. Doch nach drei Semestern war ich erledigt. Es ging auch finanziell nicht mehr. Ich hatte ja niemanden, der mich unterstützte.

Gab es damals schon Bafög?

INY: Gab es. Aber zahlen Sie mal von Bafög Miete und ernähren sich, wenn Sie von daheim keine Unterstützung haben. Ich war gezwungen, immer wieder nebenher Jobs anzunehmen. Ich arbeitete als Zeitungsausträgerin, als Bürobotin, ich nahm jede Arbeit an, mit der ich Geld verdienen konnte. Doch das war alles zu viel. Ich war noch erschöpft aus der Zeit als Datentypistin in Verbindung mit dem Abendgymnasium.

Sie schmeißen das Medizinstudium. Was machen Sie nun?

INY: Gute Frage. Ich hatte ja nichts außer dem Abi und der Ausbildung zur Arzthelferin und der Praxis als Datentypistin. Als Datentypistin fand ich zu dieser Zeit aber keinen Job.

Sie waren dafür als Abiturientin überqualifiziert?

INY: So nennt man das. Ich hätte mein Abitur verschweigen sollen. Doch dann entschied eine Firma, dass ich für sie nützlich sein konnte, wenn sie mich gleichzeitig als Datentypistin und als Operator einsetzen konnte.

Was macht ein Operator?

INY: Das Steuern von Computern. Heutzutage geht das alles ganz anders. Mein Gott, wenn ich vergleiche, wie das damals war und wie es heute ist – da liegen Welten dazwischen. Aber als Operator war ich nicht so toll. Als mich die Kollegen ständig wegen einiger formaler, programmtechnischer Dinge ärgerten, die ich ihnen so nebenbei korrigieren sollte, habe ich mich nicht etwa gewehrt, sondern ich habe mir ein Buch über Cobol gekauft.

Cobol?

INY: Eine alte Programmiersprache. Die habe ich mir selbst angeeignet. Dann habe ich zweieinhalb Jahre samstags einen Lehrgang belegt und eine Prüfung bestanden. Ich war nun eine von der IHK geprüfte Organisationsprogrammiererin.

❖   **»Ich wollte auf eigenen Füßen stehen.« (Iny)**   ❖

Hinter alldem steht ja ein großes Streben nach Leistungs-vollkommenheit, ein sehr großer Ehrgeiz, nicht?

INY: Was blieb mir anderes übrig? Die Frau des Arztes, bei dem ich vor dem Abendgymnasium gearbeitet hatte, hat mir vorgeworfen, ich käme aus einem asozialen Viertel – was nicht stimmte! Mein Großvater besaß ein Dreifamilienhaus, das er selbst erbaut hatte. Aber ich wollte nicht zu Hause bleiben, um es einmal zu erben, sondern auf eigenen Füßen stehen. Ich wollte mich selbst ernähren, selbst entscheiden, was ich anzog oder kaufte, und mir nicht mehr die kleinste Freude verbieten lassen. Auch war ich überzeugt davon, dass ich von niemandem etwas geschenkt bekommen würde. Also musste ich einen guten Beruf finden, um leben zu können. Außerdem wollte ich Spaß haben. Und »Spaß haben« bedeutete vor allem einen Beruf, der mir Freude bereitete.

Wann begann Ihnen die Arbeit Freude zu machen?

INY: Eigentlich mit dem Programmieren.

Das war noch im Kölner Raum?

INY: Ja.

Wie kommen Sie dann nach München?

INY: Ich lebte damals mit einem Mann zusammen, der Alkoholiker war. Es dauerte eine Weile, bis ich dahinterkam, und es dauerte noch länger, bis ich begriff, was das eigentlich bedeutete. Ich wollte aus dieser Situation heraus, aber der Mann klebte an mir. Die einzige Möglichkeit, ihn loszuwerden, war, selbst zu verschwinden. Im März 1980 bin ich nach München gezogen.

❖ »Wir haben uns schriftlich kennengelernt.« (Iny) ❖

Wann lernten Sie Ihren heutigen Mann kennen?

INY: Schriftlich, also per Brieffreundschaft, 1978.

Wie kamen damals Brieffreundschaften zustande?

INY: Ich wollte ja lernen, wie man Texte professionell schreibt. Ich hatte mich deswegen erst beim SFCD angemeldet.

Was ist das?

ELMAR: Science Fiction Club Deutschland.

INY: Das war aber nichts für mich. Diese technischen Phantastereien lagen mir gar nicht. Aber in einem Heft des SFCD stand ein Hinweis auf den EDFC.

ELMAR: Erster Deutscher Fantasy Club.

INY: Dann habe ich dorthin geschrieben, das muss 1977 gewesen sein. Der Verein war in einzelne Untergruppen aufgeteilt. Elmar leitete eine davon und hat mich per Brief aufgefordert, in seine Gruppe zu kommen. Ich hatte mich jedoch bereits für eine andere Themengruppe entschieden. Ich bin niemand, der hüpft, ich leide nämlich an

Nibelungentreue. Jedenfalls habe ich ihm freundlich geantwortet, ich sei bereits woanders Mitglied. Er schrieb zurück, ich antwortete wieder, und daraus entwickelte sich dann eine Brieffreundschaft, in der es um den Club ging, ums Schreiben, um Bücher.

Aber Sie kannten sich noch nicht persönlich?

INY: Nein, das hat ungefähr bis zum Herbst 1979 gedauert, weißt du's noch?

ELMAR: Ich weiß nicht mehr genau, wann es war, aber wo. Nämlich in Innsbruck. Es gab dort ein Treffen des Clubs. Zu meinem großen Bedauern konnte ich doch nur kurz dort auftauchen. Ich hatte nämlich einen Onkel am Hals, der in Innsbruck gerade Urlaub machte und der glücklich war, jemanden an der Hand zu haben, der ein Auto besaß. Ich hatte ihn eigentlich nur kurz besuchen wollen, aber er schlug sofort sämtliche Krallen in mich, damit ich ihm als Chauffeur diente.

❖ **»Ich bin niemand,** ❖
der gut nein sagen kann.« (Elmar)

INY: Während des Treffens fragten immer wieder Mitglieder: Wo bleibt denn Elmar? Bei früheren Treffen war er nämlich immer die ganze Zeit anwesend.

ELMAR: Ich konnte nichts dafür. Ich wohnte in derselben Pension wie mein Onkel, da war ich in seiner Gewalt. Da ich niemand bin, der gut nein sagen kann, habe ich ihn eben mit zusammengebissenen Zähnen herumkutschiert. Ich bin also nur kurz zu dem Treffen gekommen.

Und waren Sie gespannt auf die junge Dame, mit der Sie schon so lange Briefe gewechselt hatten?

ELMAR: Es waren sehr viele Leute da, ich hatte wenig Zeit, und so konnten wir einander nur kurz hallo sagen. Wir haben dann wieder korrespondiert. Das heißt, ich habe vor allem Tonbandkassetten besprochen, sogenannte Tonbriefe. Das war damals eine Mode.

INY: Ich habe weiter mit der Schreibmaschine geantwortet. Irgendwann haben wir uns zu einer anderen Convention verabredet. Aber vorher bin ich einfach zu ihm gefahren – unangekündigt.

❖   **»Wir kamen gut miteinander aus.« (Iny)**   ❖

Wann entwickelten Sie denn ein weiter gehendes Interesse aneinander?

ELMAR: Das kam so ganz allmählich, ohne dass wir uns dessen bewusst wurden.

INY: Wir kamen gut miteinander aus. Wir hatten zu einem großen Teil dieselben Interessen und waren uns sympathisch. Irgendwann kam der Wunsch auf, gemeinsam etwas zu unternehmen. Von da an fuhren wir gelegentlich zusammen zu den Conventions.

Wo lebten Sie zu dieser Zeit?

ELMAR: Ich lebte mit meiner Mutter auf unserem Bauernhof achtzig Kilometer von München entfernt.

INY: Ich war im März 1980 nach München gezogen.

ELMAR: Du bist dann irgendwann zu uns auf den Bauernhof gekommen.

INY: Ja, ich wollte mal schauen, wo du wohnst.

ELMAR: Du kamst mit deinem unübersehbaren Auto.

Was war das für eins?

INY: Ein brauner Ford Transit mit weißem Aufsatz. Mit einer so hohen, weißen Haube, dass man darin stehen konnte.

ELMAR: Würde heute in keine Garage mehr passen.

Was für ein Auto fahren Sie übrigens heute? S-Klasse?

INY: Einen Volkswagen T5, einen VW-Bus, den wir nur zentimeterweise in die Garage kriegen. An den hängen wir auch unseren Wohnwagen.

Zurück zu Ihrer Annäherung.

INY: Mein Mann kam ja von einem kleinen Bauernhof. Im Winter suchten sich die Leute von den kleineren Höfen Jobs, mein Mann zum Beispiel bei der Post in München.

❖ **»Dann schlief er lieber auf der Couch.«** (Iny) ❖

ELMAR: Ich lebte im Junggesellenwohnheim, wo es einen Gemeinschaftsraum gab und eine Art Verschlag für jeden zum Schlafen. Jeder hatte eine andere Schicht. Man kam etwa um Mitternacht heim, fiel ins Bett und wurde zwei Stunden später vom Nächsten geweckt, der von einer anderen Schicht heimkam.

INY: Da meinte er, dass es bequemer sei, bei mir auf der Couch zu schlafen – zum Schrecken meiner Katze, die das gar nicht mochte.

ELMAR: Im Junggesellenwohnheim hörte man auch die Trambahn in den Kurven quietschen. Da bin ich schließlich entnervt zu Iny geflohen.

INY: Ich bewohnte damals ein Apartment, das bei wohlwollender Schätzung vielleicht auf fünfunddreißig Quadratmeter kam. Die Tür knallte ständig gegen den Schreibtischstuhl. Aber das war für mich schon ein Aufstieg nach meiner allerersten Wohnung mit sechsundzwanzig Quadratmetern und nur einem Wasserbecken. Wobei ich noch Glück hatte, weil die anderen das Waschbecken auf dem Flur hatten. Ich gab in dieser ständig kalten »Wohnung« mehr Geld für den Elektroradiator als für Miete aus.

Wie haben Sie endgültig zueinandergefunden?

INY: Indem ich ihn irgendwann vor die Alternative stellte: zurück ins Junggesellenwohnheim oder gemeinsam eine größere Wohnung suchen. Er entschied sich für die Gemeinsamkeit, und die neue Wohnung bezogen wir im elften Stock eines Hochhauses in Neuperlach im Südosten Münchens. Das war eine schöne Wohnung mit dreiundachtzig Quadratmetern.

Wie ging es Ihnen damals wirtschaftlich?

INY: Wir verdienten beide recht gut, Elmar war zunächst bei der Post als Fahrer angestellt. Aber wir gaben unser Geld für all die Conventions aus, zu denen wir reisten, und für Bücher. Ich hatte schon einen kleinen Bausparvertrag. Aber das war alles, sonst hatten wir praktisch kein Geld. Dennoch beschlossen wir irgendwann, uns eine Eigentumswohnung anzuschaffen. Das war eine Maisonette für gut dreihunderttausend D-Mark, also bei hundertsiebzehn Quadratmetern in München relativ preiswert. Sie hatte einen eigenen Eingang und ein Gärtchen. Das war für uns schon eine große Sache. Nach zehn Jahren waren wir schuldenfrei. Was viele Menschen nicht berücksichtigen: Wir waren auch vor unserem Erfolg keine armen Leute. Wir haben in der EDV in der Versicherungsbranche ganz nett verdient. Nicht glänzend, aber ich hatte fünftausend Mark brutto, was damals nicht schlecht war, Elmar verdiente auch nur unwesentlich weniger.

Jetzt haben wir die Hochzeit übersprungen. Wann haben Sie dann geheiratet?

INY: 1982.

ELMAR: Wir wählten den 1. Februar. Das sollte ein Datum sein, an das wir uns leicht erinnerten: 1. 2. 82. Wir haben es dann geschafft, uns in den folgenden Jahren genau drei Mal an diesen Hochzeitstag zu erinnern.

Wollen Sie jetzt einmal Ihre Geschichte erzählen, Elmar Wohlrath?

ELMAR: Da gibt's nicht so viel zu erzählen.

❖   **»Wir sprachen daheim Dialekt, Fränkisch.«**   ❖

Sie haben über sich geschrieben, Sie seien hartnäckiger Autodidakt. Ich darf zitieren, was Sie in der dritten Person über sich selbst formulierten: »Aufgewachsen in einer Umgebung, in der nur Dialekt gesprochen wurde, erarbeitete er sich die Sprache mit Hilfe seiner Büchersammlung und der Schreibmaschine.«

ELMAR: Mir ist nichts anderes übriggeblieben. Ich war fünf Jahre alt, als mein Vater in der heutigen Gemeinde Mettenheim bei Mühldorf am Inn einen kleinen Bauernhof ersteigerte. Das ist etwa achtzig Kilometer östlich von München. Ich besuchte eine Volksschule, in der alle acht Klassen in einer zusammengefasst waren. Wir sprachen zu Hause Dialekt – Fränkisch. Wir waren kein Intellektuellenhaushalt, in dem man abends überlegte, ob man am nächsten Tag in die Oper oder ins Schauspiel gehen würde.

Hatten Sie viel Abwechslung, Unterhaltung, viele Nachbarskinder?

ELMAR: Gar nicht. Wir lebten sehr für uns. Gesellschaft holte ich mir über Bücher. Es gibt ein Klassenfoto, das bezeichnend ist: Man hatte uns Kindern jedem ein Buch in die Hand gedrückt für die Aufnahme. Aber alle Mitschüler schauten auf den Mann mit der Kamera. Nur ich nicht. Ich schaute in mein Buch. In der Schulbibliothek war ich nach einem halben Jahr mit allen Bänden meines Jahrgangs durch, sowohl mit denen für die Jungen als auch mit denen für die Mädchen. Danach musste ich halt schauen, wie ich an Nachschub kam. Wenn wir Besuch bekamen, brachten mir die Gäste immer ein altes Buch aus ihren Beständen mit. Als ich zehn war, starb mein Vater. Meine Mutter und ich mussten allein weiter auf dem Hof arbeiten.

Sie haben keine Geschwister?

ELMAR: Doch, eine Schwester, aber die hat bald geheiratet.

INY: Sie war zwölf Jahre älter.

ELMAR: Da ich als einziges Kind in der Klasse evangelisch war, musste ich zum Religionsunterricht ins Nachbardorf und hatte dort eine Lehrerin, die mein Interesse an Literatur erkannte und förderte. Viele Jahre lang hat sie mich mit Büchern aus ihrer eigenen Bibliothek versorgt.

Was war das für eine Lektüre?

ELMAR: Viele christlich-historische Romane. Von »Ben Hur« bis »Quo Vadis«, aber auch Sachbücher. So ging das, bis sie zu meinem großen Bedauern versetzt wurde.

»Vor der Lust am Schreiben kam die Lust aufs Lesen.« (Elmar)

Haben Sie mit dieser Lehrerin auch über die Bücher gesprochen? Haben Sie berichtet, was Sie bei der Lektüre empfanden, was Sie bewegte?

ELMAR: Nicht so sehr. Aber sie hatte Spaß daran, dass ich so viel Interesse hatte, zu lernen. Ich fraß die Bücher förmlich. Meine heutige Sucht nach Schreiben spiegelte sich wahrscheinlich schon in der frühen Lust am Lesen.

Was machten Sie nach der Volksschule?

ELMAR: Ich begann eine landwirtschaftliche Lehre bei uns daheim, das war damals noch möglich. Aber ich habe diese Ausbildung nicht abgeschlossen, weil schon abzusehen war, dass sich für meine Mutter und mich die Landwirtschaft nicht mehr rechnen würde. Die Hofgebäude waren mehr als hundert Jahre alt, die nötigen Investitionen hätten wir nicht aufbringen können. Da habe ich beschlossen, einen anderen Beruf zu erlernen. Ich ging zum Arbeitsamt und musste einen Test machen, bei dem ich offenbar nicht so schlecht abschnitt. So hat man mir eine Umschulung angeboten.

Umschulung?

ELMAR: Zum Mess- und Regelmechaniker, wie das damals hieß.

INY: Heute heißt es, glaube ich, Mechatroniker.

ELMAR: Ich habe in diesem Beruf anderthalb Jahre gearbeitet, aber die Doppelbelastung durch Beruf und Hof war auf die Dauer zu viel. Auch für meine Mutter, die nicht mehr die Jüngste war. Da haben wir uns zusammengesetzt: Weil meine Schwester im selben Dorf auf einen Hof geheiratet hatte, entschloss sich meine Mutter, unseren Hof an meine Schwester zu verpachten. Ich ging dann nach München und kam bei der Deutschen Bundespost ein gutes halbes Jahr als Paketfahrer unter.

Und kamen in Kontakt mit grünen Witwen?

ELMAR: Es kam in der Tat vor, dass ich irgendwo läutete, und die Hausfrau öffnete im knappsten Bikini.

Haben Sie es genossen?

ELMAR: Nicht, wenn ich eine Stunde meinem Zeitplan hinterherhinkte, denn ich war als Springer eingesetzt. Ich musste mich immer wieder neu eingewöhnen. Irgendwann meinte Iny, ich solle doch mal schauen, ob ich nicht in der Firma, in der sie arbeitete, unterkommen könne. Und tatsächlich hat das geklappt. Ich begann in der Nachbereitung der Vereinigten Versicherungsgruppe.

Was ist die Nachbereitung?

ELMAR: Das war die sogenannte Maschinenpost. Mit diesen Maschinen habe ich auf Endlospapier ausgedruckte Briefe kuvertiert und Dokumente zurechtgeschnitten. Irgendwann fühlte ich mich dort nicht ausgelastet und habe begonnen, mich mit der Organisationsprogrammierung zu beschäftigen. Das habe ich zweieinhalb Jahre lang gelernt, genau wie Iny, nur dann schon mit moderneren Mitteln. Nach dieser Ausbildung kam ich in den Drucker-Pool.

INY: Mehr konnte er nicht werden, weil er ohne Abitur nicht in die Programmierung kam. Obwohl er seine Prüfung mit über neunzig von hundert möglichen Punkten bestanden hatte.

Wie viele Punkte genau?

ELMAR: Müsste ich nachschauen. Diese Arbeit im Drucker-Pool habe ich so lange gemacht, bis unsere Firma von der Allianz aufgekauft wurde. Danach wurden wir mit unserer Abteilung nach Unterföhring verfrachtet. Da war ich mit der S-Bahn zweimal am Tag eine Dreiviertelstunde unterwegs; wenn sie unpünktlich war, auch weitaus länger. Und ich hatte im Schichtdienst zu arbeiten. Ich durfte mit meinem alten Vertrag noch im Zweischichtbetrieb, sprich: Früh- und Spätschicht, arbeiten. Meine neu eingestellten Kollegen erhielten dagegen einen Arbeitsvertrag für drei Schichten, eine Nachtschicht kam hinzu. 2006 war es so weit, dass mir die Doppelbelastung durch Beruf und Schreiben zu groß wurde und ich mit dem Beruf aufhörte.

Lassen Sie uns noch einmal zurückgehen in Ihre Kindheit. Sie haben sehr früh angefangen, obsessiv zu lesen. Aber wollten Sie auch früh schreiben?

ELMAR: Meine ersten Texte habe ich mit zwölf geschrieben.

Was war das?

ELMAR: Das waren Einfälle, höchstens mal eine halbe Seite, nichts Fertiges. Keine Struktur, lauter Anfänge, die ich aber nicht weitergeführt habe, weil mich bereits das nächste Buch, das ich verschlang, innerlich in Beschlag nahm. Aber auch ohne Schreiben beschäftigte sich meine Phantasie mit den Büchern, indem ich im Kopf das Ende umschrieb oder den Handlungsfaden weiterspann. Mal gefiel mir das Ende eines Buches nicht, da habe ich mir ein anderes ausgedacht. Mal habe ich weitere Figuren für eine Handlung des Buches erfunden, das ich gerade las.

Das Ausdenken machte Ihnen damals mehr Spaß als das Schreiben?

ELMAR: Genau.

Wann haben Sie Ihren ersten größeren Text verfasst?

ELMAR: Mit sechzehn. Ich war in Kontakt mit einem Science-Fiction-Club gekommen. Solche Clubs schossen damals aus dem Boden wie Pilze nach dem Regen. Wir waren sieben oder acht Leute, unser Magazin hatte vielleicht eine Auflage von fünfzehn Exemplaren. Aber egal, in diesem Magazin wurde eine Geschichte von mir gedruckt. Auch wenn es in Wirklichkeit nur hektografiert war, mit Wachsmatrizen.

Was war das für ein Gefühl?

ELMAR: Es hat mich sehr gefreut. Die eigentliche Anerkennung lag darin, dass unser »Clubpräsident« sie eigenhändig auf die Wachsmatrize tippte. Irgendwann bekam ich dann meine eigene erste Schreibmaschine.

Was war das für eine?

ELMAR: Eine einfache Reiseschreibmaschine. Meine Mutter und ich hatten ja nicht viel Geld. Die benutzte ich für die landwirtschaftliche Schule, aber vor allem, um für Fanzines, Clubmagazine, Geschichten zu schreiben.

❖ **»Man hatte die Hoffnung,** ❖
es irgendwann zu schaffen.« (Elmar)

Was für eine Art von Geschichten war das?

ELMAR: Science-Fiction und Fantasy. Eine solche Clubszene gab es in anderen literarischen Genres ja gar nicht. Fantasy ging damals von Amerika aus, Tolkien war der große Katalysator dieser Szene. Durch einen Kumpel wurde ich Mitglied eines Fantasy-Clubs, kam in Kontakt mit anderen Schreibern, die mir Tipps gaben. Ich holte mir Ratschläge. Zum Beispiel kannte ich mich ja gar nicht mit den Formalien aus. Als ich bei Walter Ernsting in Salzburg zu Besuch war, einem der Schöpfer der Perry-Rhodan-Serie, machte er mich überhaupt erst einmal mit den Regularien vertraut, also dass man eine Manuskriptseite mit 30 Zeilen à 60 Anschlägen füllt.

Haben Sie auch Geschichten an Verlage geschickt?

ELMAR: Ja, klar, aber das blieb ohne Erfolg.

Was war das für ein Gefühl, wenn die Sachen zurückkamen oder eine Reaktion ausblieb?

ELMAR: Man hat das mit einem Schulterzucken abgetan. Man war ja jung und hatte die Hoffnung, dass man es irgendwann schon schaffen würde.

Wie alt sind Sie in dieser Phase?

ELMAR: Etwa einundzwanzig. Ich habe meine Energie dann auf das Schreiben und Diskutieren im Club gerichtet und glaube, dass ich dabei auch viel gelernt habe.

Aber sowohl in der Landwirtschaft als auch in Ihren dann folgenden Brotberufen mussten Sie ja viel lernen und arbeiten. Wie viel Zeit hatten Sie damals denn überhaupt fürs Schreiben?

ELMAR: Nicht viel.

Eine Stunde am Tag?

ELMAR: Wenn wir mit dem Stall fertig waren, war es vielleicht neunzehn Uhr. Dann hat meine Mutter vorm Fernseher und ich habe vor der Schreibmaschine gesessen. Mehr Zeit hatte ich sonntags, wenn wir auf dem Hof nicht so viel gearbeitet haben.

In der Landwirtschaft macht man ja auch manche stereotype Arbeit. Haben Sie dabei im Geiste geschrieben?

ELMAR: Oh ja! Ich habe mir endlose Geschichten erzählt. Wenn man auf dem Traktor sitzt und fährt mit dem Pflug vierhundert Meter hin, vierhundert Meter her, denkt man sich automatisch was aus.

Es gibt sicherlich auch stumpfere Naturen, die dann einfach vor sich hin stieren und an gar nichts denken.

ELMAR: Na ja, ich war das Erfinden ungeschriebener Geschichten gewohnt, denn ich hatte viele Jahre keine Schreibmaschine. Und ich las alles Mögliche, von Tolstoi bis Lewis Wallace. Wobei ich mich damals um die Namen der Autoren gar nicht kümmerte. Die Hauptsache war, dass ein Buch mich auf irgendeine Weise fesselte. Ich könnte Ihnen ein paar Titel nennen, aber nicht den Autor.

Identifizieren Sie mal ein paar dieser Bücher?

ELMAR: »Ich, Claudius – Kaiser und Gott«, »Quo Vadis«, »Ben Hur«.

❖ **»Also schrieb ich.«** (Elmar) ❖

Die ganze Zeit über hegen Sie beide den Wunsch, auch jenseits der Clubszene, in einem richtigen Buchverlag etwas zu veröffentlichen. Wann wird dieser Wunsch Wirklichkeit?

INY: Mein Gruppenleiter in unserem Fantasy-Club war ein großer Büchersammler und Artikelschreiber. Der hat eine Anthologie bei Heyne herausgegeben mit Übersetzungen amerikanischer und englischer Texte. Er wollte jedoch auch ein paar deutsche Beiträge und kam deshalb auf mich zu und sagte: »Du schreibst mir jetzt eine Kurzgeschichte.« Dieser Gruppenleiter und Herausgeber war Hermann Urbanek aus Wien. Ich sagte, ich sei noch nicht so weit. Doch er beharrte darauf: »Du schreibst.« Also schrieb ich. Und dachte, wenn es nicht so toll wird, kann ich es immer noch in einem Clubmagazin veröffentlichen. Doch siehe da, er nahm meine Story.

Wie hieß diese Geschichte?

INY: »Die steinernen Krieger«, und die Anthologie trug den Titel »Ashtaru der Schreckliche«. Das war meine erste Profi-Veröffentlichung im Jahr 1982.

Und wann erschien Ihre erste Profi-Veröffentlichung, Elmar?

ELMAR: Da muss ich die Vorgeschichte erzählen. Ein Freund aus dem Fantasy-Club, Buchhändler, suchte 1981 jemanden, der mit ihm nach Frankfurt zur Buchmesse fuhr, um das Benzingeld zu teilen. Er besorgte mir einen Schrieb, der mich als Mitarbeiter der Stadtbücherei Miesbach auswies, damit ich auch zu den Fachbesucherzeiten aufs Messegelände durfte. Iny hatte Zeit und kam mit. Wir hatten fünf Verlage ausgewählt, mit denen wir Kontakt aufnehmen wollten – Heyne, Goldmann, Bastei und noch zwei weitere. Doch den ganzen ersten Tag trauten wir uns nicht, jemanden anzusprechen.

❖   **»Wir sind ja Helden.« (Iny)**   ❖

Zu schüchtern?

ELMAR: Ja, diese Buchmesse war für uns überwältigend. Auch am zweiten Tag haben wir uns zunächst nicht getraut. Auch mein Buchhändler-Kumpel, der ja sonst jeden ansprach, wenn er sich für einen Titel interessierte, war zu feige. Wir wollten unverrichteter Dinge wieder fahren. Da sagte Iny: »Wir sind ja Helden. Fahren nach Frankfurt, um einen Verlag zu finden, und ziehen jetzt ab wie Hunde mit eingezogenem Schwanz.« Da habe ich mich umgedreht, bin die Treppe wieder hoch, bin zum ersten Verlag, der auf unserer Liste stand, das war Goldmann, und sprach jemanden an, auf dessen Schild »SF-Lektor« stand. Das war Peter Wilfert. Dem erzählte ich, dass ich Geschichten schrieb und dass meine Freundin im kommenden Jahr einen Text in einer Heyne-Anthologie veröffentlichen würde. Peter Wilfert sagte: »Ach, da reiche ich Sie an meinen Anthologisten weiter.« Das war Thomas Le Blanc. In seinen Anthologien sind wir dann bald veröffentlicht worden. Thomas Le Blanc wurde aber aus einem ganz anderen Grund wichtig für uns, weil er es war, der dafür sorgte, dass wir zwei gemeinsam schrieben.

Wie kam das?

ELMAR: Einmal hat er bei einer Geschichte von Iny den Schluss verrissen.

INY: Sehr gründlich.

ELMAR: Und Iny ist ja da sehr …

INY: ... empfindlich.

ELMAR: ... und wollte nicht mehr weitermachen. Ich habe aber gemeint, so schnell geben wir nicht auf. Ich habe dann die Kurzgeschichte genau angeschaut, habe gestrichen, was er kritisiert hatte, und dann weitergeschrieben. Ich habe es Iny gezeigt, sie hat es überarbeitet und es Thomas Le Blanc geschickt – und siehe, er war begeistert.

❖   **»Also schreiben wir zusammen.«** (Elmar)   ❖

Und das war die Initialzündung für Ihre heutige Zusammenarbeit?

ELMAR: Zunächst hatten wir noch ein weiteres Erlebnis dieser Art. Diesmal gefiel Thomas Le Blanc bei einer Geschichte von mir der Anfang nicht. Ich hatte aber keine Idee, wie ich ihn ändern könnte. Dann überarbeitete Iny den Text, und ich ging noch einmal drüber. Und wieder war er mit dem Ergebnis sehr zufrieden. Da haben Iny und ich uns angeschaut: »Wenn wir einzeln etwas schicken, meckert er. Wenn wir's zusammen schreiben, ist er zufrieden. Also schreiben wir doch zusammen.«

INY: Auch wenn danach noch Geschichten unter Elmar Wohlrath oder Iny Klocke erschienen, waren es ab diesem Zeitpunkt 1982 immer Gemeinschaftswerke.

Kritik und Kampf

Der erste große Erfolg war die Veröffentlichung diverser Geschichten in Anthologien, also in richtigen Büchern im Gegensatz zu den vorherigen Veröffentlichungen in den Clubmagazinen. War der Umstand, in einem richtigen Buch gedruckt zu werden, die gleichsam offizielle Bestätigung mit dem Siegel »Wir können was«?

INY: So haben wir eigentlich nicht gedacht. Außerdem gab es ja seit 1986 schon ein »richtiges« Buch von uns beiden, ein Kinderbuch.

Mit dem Titel »Paul und Strubbel«.

INY: Das war unser Arbeitstitel. Der Verlag meckerte ein bisschen, der Titel sei nicht gut, kam aber selbst auf keinen besseren. Uns hätte »Strubbelkopf und wilder Mann« eigentlich besser gefallen, das wäre näher am Thema gewesen.

Wie waren Sie auf die Idee gekommen, ein Kinderbuch zu schreiben?

ELMAR: Wolfgang Hohlbein hat uns dort eingeführt und das Manuskript wohl auch lektoriert. Doch der Verlag, bei dem »Paul und Strubbel« herauskam, hatte zuvor nur Sachbücher gemacht und auf dem Kinderbuchmarkt zu wenig Expertise, auch im Vertrieb.

Also wurde Ihr Buch kein Erfolg?

INY: Leider nicht.

❖ **»Dieses Buch war die letzte Blüte,** ❖
ehe alles verdorrte.« (Elmar)

Aber es war insofern einer, als hiermit Ihr erstes Buch auf dem Markt war.

ELMAR: Dieses Buch war sozusagen die letzte Blüte, bevor alles verdorrte.

Das klingt ja dramatisch. Bitte erzählen Sie.

ELMAR: Bücher sind ja viel mehr, als man das von außen vermutet, eine Beziehungssache zwischen Verlagsmenschen und Autoren. Zu dieser Zeit kam es in den Verlagen, mit denen wir durch die Anthologien ein bisschen zu tun hatten, zu vielen personellen Wechseln. Von Goldmann ging Peter Wilfert weg. Sein Nachfolger brachte seine eigenen Autoren mit. Bei Bastei war es ähnlich. Wir haben dann erst einmal einige Jahre nicht mehr geschrieben, höchstens dann und wann ein bisschen. Alles, was wir schrieben, war für ein Briefspiel, aber das wurde ja nicht veröffentlicht.

Von welcher Zeit reden wir jetzt?

ELMAR: Von 1987 bis etwa 1995. Es war eine Zeit, in der ich wieder sehr, sehr viel gelesen habe. Die Stadtbibliothek lag ganz in der Nähe meiner Firma. Ich holte mir mittags Lesestoff und brachte die Bücher wenige Tage später zurück. Ich habe mein Spektrum erweitert. Es gab Bücher, die habe ich gefressen, von vorn bis hinten. Es gab andere, die habe ich nach zwanzig Minuten wieder weggelegt.

INY: Du hast Georgette Heyer und Courths-Mahler gelesen.

Courts-Mahler ist klar, aber wer war noch einmal Georgette Heyer?

ELMAR: Sie war Engländerin, lebte im vergangenen Jahrhundert und schrieb, ich würde sagen: historische Liebesromane, wobei die von den Fakten her akribisch recherchiert waren.

❖   **»Was ich mag, das schreibe ich auch.« (Elmar)**   ❖

Haben Sie gelesen, um sich zu unterhalten oder um zu lernen?

ELMAR: Eigentlich, um mich zu unterhalten. Aber eher unterbewusst wurde mir allmählich klar, was ich mochte und was nicht. Und das habe ich ja bis heute umgesetzt: Was ich mag, das schreibe ich auch.

Haben Sie sich in dieser Zeit auch historisch weitergebildet?

ELMAR: Ja, ich habe viele Sachbücher gekauft, geliehen und gelesen. Ich bin, wie gesagt, reiner Autodidakt, ich habe Büchern, an erster Stelle den Sachbüchern, sehr vieles zu verdanken.

INY: Das gilt für uns beide.

ELMAR: Schon mein erstes selbstverdientes Geld habe ich in zwei Sachbücher investiert, die ich beide nie verwerten kann oder werde. Das eine ist ein Buch über die Altsteinzeit, das andere ein riesiger Bildband über versunkene Kulturen. An den kam ich verbilligt, sonst hätte ich ihn mir nicht leisten können.

INY: Den Band haben wir doppelt, weil auch ich ihn damals unabhängig von Elmar und ohne ihn zu kennen gekauft habe.

Auch Sie haben in dieser Phase nicht geschrieben?

INY: Nein.

Hat Ihnen das Schreiben denn nicht gefehlt?

INY: Jemand hat mir klargemacht, dass ich absolut unfähig sei zum Schreiben.

War das jemand, den Sie für kompetent hielten?

ELMAR: Damals schon.

INY: Wir können sagen, wer es war, wenn Sie den Namen

nicht nennen. Es war der Herausgeber der Anthologien, in denen wir Fantasy-Geschichten veröffentlicht hatten.

ELMAR: Jedenfalls zogen wir uns dann zurück.

Aber lassen Sie uns bitte noch einmal bei dieser Kritik bleiben. Es gibt ja eine Form der Kritik, die man nie vergisst, weil sie einem so weh tut. Handelte es sich um diese Sorte vernichtender Kritik?

INY: Eindeutig ja, jedenfalls wenn man bedenkt, dass ich fast zehn Jahre lang nicht geschrieben habe und dann erst einen »Tritt« meines Mannes brauchte, um es wieder zu tun.

❖ **»Komplett unfähig –** ❖
so lautete der Vorwurf.« (Iny)

Diese Kritik wurde mündlich geäußert?

INY: Nein, in einem sieben oder acht Seiten langen Brief. Darin bescheinigte uns der Briefschreiber, dass wir beide – besonders ich – komplett unfähig seien. Und dass unsere Texte bislang eigentlich nur aus Gnade und Barmherzigkeit veröffentlicht worden seien.

Was hat diese Kritik mit Ihnen gemacht?

INY: Ich war am Boden zerstört. Es gab dann zwar jemanden, der mich statt Elmar als Schreibsklavin gewinnen wollte …

… was ist eine Schreibsklavin?

INY: Ein Schreibsklave ist ein Autor, der gegen Geld, aber ohne Namensnennung für einen anderen Autor schreibt, ein Ghostwriter. Dagegen ist ja auch nichts zu sagen. Aber hier sollte ich gegen Elmar ausgespielt werden, und das kommt für mich nicht in Frage. Wenn irgendjemand zwischen Elmar und mich einen Keil treiben will, wird er sich wundern. Der Keil fliegt zurück, und zwar mit Wucht. Ich lasse das nicht zu. Und Elmar lässt das auch nicht zu.

Derjenige, der Ihnen da so zusetzte, lieferte Argumente und Begründungen, oder handelte es sich um pauschale Kritik?

ELMAR: Pauschal.

INY: Sehr pauschal.

ELMAR: Es war im Grunde ein wüstes Um-sich-Schlagen.

Der Autor dieses Briefes muss ja mittlerweile von Ihrem Erfolg erfahren haben. Wie verhält er sich heute Ihnen gegenüber?

INY: Er schenkte uns bei einer Convention einen schlaffen Händedruck.

❖ **»Wir waren innerlich außer Gefecht gesetzt.«** (Iny) ❖

Wie haben Sie denn Ihre Lust am Schreiben zurückgewonnen?

INY: Zunächst müssen wir sagen, dass uns diese massive Kritik innerlich außer Gefecht gesetzt hat. Wir haben viele Jahre einfach nicht mehr geschrieben.

ELMAR: Wir haben geschwiegen. Aber wir haben in dieser langen Phase anderes gemacht.

Nämlich?

ELMAR: Wir waren die Leiter eines Briefspiels.

Sie erwähnten es ja schon, aber Sie müssen bitte erklären, was das ist.

INY: Das ist kein Rollenspiel, sondern ein War Game.

ELMAR: Das Spiel handelte von einer phantastischen Welt. Die einzelnen Mitspieler regierten jeweils ein Reich, führten zum Teil gegeneinander Krieg, verbündeten sich mit anderen. Wir schrieben für das Spiel Geschichten von zwei, drei Seiten, sozusagen als Vorgabe für die Spieler. Das Ganze war für uns Spielleiter sehr viel Arbeit.

INY: Das Interessante war gar nicht so sehr dieses Spiel, sondern das, was sich daraus entwickelte. An einer bestimmten Stelle des Spiels haben wir für uns selbst ein Rollenspiel entwickelt. Das wurde für uns sehr wichtig, weil es unsere Phantasie enorm schulte.

Jetzt müssen Sie bitte erklären, wie so etwas abläuft. Sie haben dieses Rollenspiel zu zweit gespielt. Einer ist immer der Spieler, der andere der Spielleiter?

ELMAR: Richtig. Der Fortgang des Spiels wird von den Würfeln bestimmt. Der Spieler landet als Erstes in einer ihm unbekannten Welt. Wie sieht diese Welt aus? Das sagen die Würfel. Bei einer niedrigen Zahl ist diese Welt karg und arm, bei einem hohen Wurf ist sie prächtig. Der Spieler muss sich in einer ganz neuen Welt voller Überraschungen zurechtfinden. Er muss sich vortasten, vielleicht fällt er Räubern in die Hände, die ihn als Sklaven mitschleppen. Vielleicht kommt aber auch etwas ganz Tolles.

INY: Der Spielleiter sagt: »Du siehst eine Straße. Rechts ist Wald, links ein See. Was machst du jetzt?« Der Spieler antwortet: »Ich gehe die Straße entlang und schaue mal, wem ich begegne.«

Und dann wird gewürfelt?

ELMAR: Ja, immer wenn Entscheidungen nötig werden oder wenn etwas passiert, würfelt der Spielleiter. Wenn der Spieler auf der Straße läuft, wird gewürfelt, ob sie viele Löcher hat, ob sie schwer zu begehen oder glatt und mühelos ist. Wenn er auf Leute trifft, wird ausgewürfelt, ob die freundlich und friedlich sind oder nicht.

Mit wie vielen Würfeln?

ELMAR: Zwei. Mit Zahlen von Null bis Neun. Zwei Nullen ergeben hundert.

Und das bedeutet das perfekte Glück?

INY: Zumindest passiert etwas Großartiges. Die Kombination von Null und Eins bedeutet das komplette Gegenteil.

Wie lange dauerte so ein Spiel?

INY: So lange, wie wir Zeit und Lust hatten.

ELMAR: An Wochenenden haben wir manchmal vormittags begonnen und erst um neun Uhr abends aufgehört, weil wir am nächsten Tag früh zur Arbeit mussten. Diese Rollenspiele haben wir ähnlich exzessiv betrieben wie unsere Beschäftigung mit Büchern. Denn wir haben in diesen Jahren ja nicht nur das Rollenspiel gemacht, sondern auch viel gelesen.

Es war, von heute aus betrachtet, eine Phase des Auftankens?

ELMAR: Ja, es war eine Entwicklungsphase. Wir lernten in dieser Zeit, Abenteuer logisch und strukturiert zu entwickeln und zu erzählen.

❖ **»Rollenspiele waren eine** ❖
wunderbare Vorbereitung.« (Iny)

Sie haben durch die Rollenspiele Ihre Phantasie geschult?

INY: Ja, das war eine wunderbare Vorbereitung auf das Entwickeln von Romanhandlungen. Aber es war mehr. Wir konnten in den Rollenspielen ja nicht spielen – Entschuldigung –, wie eine Wildsau pisst.

ELMAR: Man musste die Handlung ein bisschen nach-halten, denn wenn der Spieler etwa in eine Gegend kam, in der er sich zuvor schon aufgehalten hatte, musste die-se Gegend noch so aussehen, wie sie zuvor ausgesehen hatte.

Wann begannen Sie dann, wieder zu schreiben?

ELMAR: Ich hatte immer wieder kleine »Anfälle«. So wie in meiner Kindheit fing ich dann mal eine halbe Seite an und warf sie gleich wieder fort, weil das keine taugli-chen Ansätze waren. Aber irgendwie spürte ich, wie der Dampfdruck im Kessel immer größer wurde.

INY: Dann kam die Sache mit Honoré de Balzac.

ELMAR: Ja, ich bekam in dieser Zeit zwei Nasenstüber. Der eine bestand in einer Balzac-Biographie, die mir ein Kollege gab. Balzac führte häufig ein Leben am Rande des Existenzminimums. Um überleben zu können, hat er teil-weise englische Romane fast wortgetreu übersetzt, nur die Namen und Schauplätze ins Französische übertragen. Das war der erste Anstoß.

❖   **»Balzac lebte fürs Schreiben. Ich tat es nicht.«**   ❖

Worin sahen Sie die Parallele zwischen Ihrem Leben und dem Balzacs?

ELMAR: Balzac lebte fürs Schreiben. Ich tat es nicht.

Der zweite Nasenstüber?

ELMAR: Wenige Wochen später bin ich in einer Buchhandlung und stehe vor einem Tisch mit lauter Büchern von Wolfgang Hohlbein. Da saß auf meiner Schulter ein kleines rotes Teufelchen und hat gesagt: »Warum er und nicht du?« Und dann kam ein weißes Engelchen auf die andere Schulter und meinte: »Das kann ich dir ganz genau sagen, Elmar. Weil Wolfgang sich nämlich hingesetzt hat und geschrieben hat. Wenn du auch nur ein Gramm Neid empfindest, bist du ein Trottel.« Denn man kann ja niemanden darum beneiden, dass er aus eigener Kraft etwas geschafft hat. Man kann sich freuen, wenn man selbst etwas aus eigener Kraft schafft, aber dafür muss man erst einmal etwas tun. Das tat ich dann auch.

Sie setzten sich hin und fingen mit einem Roman an?

ELMAR: Einen langen Roman zu schreiben, das traute ich mir damals nicht zu. Ich wusste nicht, ob ich den Atem für mehrere hundert Seiten hätte. Aber ich dachte mir, ich versuche es vielleicht mit Heftromanen.

Das ist das, was man auch als »Groschenromane« kennt?

ELMAR: Genau. Ich kaufte mir ein paar Heftromane als Anschauungsmaterial. Am selben Tag, an dem ich die Hefte gekauft hatte, bat mich ein Kollege, ihn bei der Arbeit zu unterstützen. Er arbeitete an einem Kassettenroboter im Hochsicherheitstrakt und durfte nicht allein sein. Ich musste nur zu seiner Sicherheit danebensitzen und konnte lesen.

Nämlich diese Heftromane.

ELMAR: Am Tag darauf habe ich in der Arbeitspause begonnen, den ersten Heftroman auf Papier niederzuschreiben, handschriftlich.

INY: Mein Mann schrieb einen Fürstenroman, und ich habe mich dann auch hingesetzt und begann einen Horrorroman.

❖   **»Mein Mann hat mich angesteckt.«** (Iny)   ❖

Er hat Sie angesteckt?

INY: Ja, er hat mich angesteckt. Aber ich habe ihm den Vorschlag gemacht, der uns den Durchbruch an dieser Stelle brachte. Ich sagte: Du kommst doch vom Land – schreib einen Heimatroman, also einen Roman, der in einem bayerischen Bauerndorf spielt.

ELMAR: Es hat ein bisschen gedauert, bis Iny ihren inneren Widerstand überwand und ihren Horror-Roman fertig bekam. Jedenfalls schickte ich die drei fertigen Manuskripte an den Bastei-Verlag. Etwa drei Wochen später bekam ich einen Anruf. Die Lektorin sagte, Autoren für Fürstenromane habe sie Hunderte, ebenso für Horror, aber es gebe zu wenige, die Heimatromane schrieben. Allerdings sei mein Heimatroman zu lang, ich solle ihn auf vierundachtzig Manuskriptseiten kürzen, das Ergebnis wolle sie sich gern ansehen. Das habe ich dann getan.

❖   **»Das ist für Autoren der Elchtest.«** (Iny)   ❖

INY: Aber ehe das Heft veröffentlicht wurde, musstest du noch zwei weitere komplette Heimatroman-Manuskripte abliefern. Das ist der Elchtest für Autoren, damit die Verlage erkennen, ob es sich bei der ersten Arbeit nicht um eine Eintagsfliege handelt.

ELMAR: Ja, und dann sind es insgesamt neunzig Heftromane geworden.

Neunzig! Moment mal: 90 mal 84, das macht ja rund 7500 Seiten.

ELMAR: Ja, kann sein. Wobei ich sicherlich für das Lektorat kein leichter Fall war, denn ich habe mir doch einige Freiheiten herausgenommen.

INY: Wie ärgert man einen Lektor? Indem man einen Heimatroman auf einem Ausflugsschiff am Berg Athos beginnen lässt.

ELMAR: Oder auf einem Hausboot in Amsterdam. Oder man nehme einen Heimatroman und lasse ihn zu achtzig Prozent in Frankreich spielen.

Können Sie einen Titel dieser Heimat-Heftromane nennen?

ELMAR: »Zerschneide nicht meine Liebesbande«, »Mit dir bin ich dem Himmel nah« oder »Wahre Liebe kann nicht lügen«. Die Titel wurden aber alle von Bastei festgelegt, nicht von uns. Zum Schluss war es so, dass wir ein schwarz-weißes Cover samt Titel gefaxt bekamen mit der Aufforderung: »Schreiben Sie dazu einen Text!«

INY: Das Cover zeigte entweder eine Frau oder eine Frau und einen Mann.

❖ **»Wir hießen meist Reni Laurenz.«** (Elmar) ❖

Wurden diese Heimatromane unter Ihren echten Namen veröffentlicht?

ELMAR: Nein, wir hießen meist Reni Laurenz.

INY: Manchmal auch Monika Leitner.

Wie wurde damals ein Manuskript für einen Heftroman honoriert?

INY: Mit zwölfhundert D-Mark.

ELMAR: »Perry Rhodan« wurde mit dreitausend Mark deutlich besser bezahlt.

Zwölfhundert Mark sind ziemlich wenig, wenn Sie lange daran gearbeitet haben.

ELMAR: Ja, aber man darf nicht vergessen, dass die Autoren, die an diesen Heften schrieben, zum Teil dreißig Manuskriptseiten am Tag schafften.

Und Sie?

ELMAR: Ach Gott, ich bin damals ja noch arbeiten gegangen und schrieb nur nebenbei. Ich habe vielleicht drei Wochen für das fertige Manuskript gebraucht. Ich arbeitete damals schon im Schichtdienst. Da schaffte ich nachmittags, wenn die Frühschicht vorbei war, vielleicht vier Seiten. Und bei der Spätschicht hatte ich vormittags Zeit, da konnte ich fast bis dreizehn Uhr schreiben und kam auf sechs Seiten.

Hatten Sie beide damals auch schon die heutige Arbeitsteilung?

INY: Nein, wir haben hier und da mal über die Handlung gesprochen, und ich habe auch den fertigen Text Korrektur gelesen und verbessert. Aber so intensiv wie heute mit den vielfachen Arbeitsschritten im Entstehungsprozess war das damals noch nicht.

ELMAR: In dieser Zeit kam aber bei meiner Frau auch die Lust auf, wieder selbst zu schreiben.

INY: Ich habe dann ein Jahr auf ein fast tausend Seiten starkes Romanmanuskript verwendet. Der ist jetzt mit dem Titel »Die Seelendiebin« unter dem Pseudonym »Sandra Melli« erschienen. Ich habe gekürzt, Elmar hat gekürzt, Ingeborg hat gekürzt – der Roman ist nun gut zweihundert Seiten dünner, umfasst aber immer noch achthundert Seiten.

Gefällt er Ihnen immer noch?

INY: Ich liebe ihn. Aber ich muss gleich dazu sagen: Das Buch ist kein Erfolg. Es war eine Art Freundschaftsdienst des Verlags, dass er den Titel herausgebracht hat. Doch die Geschichte mag ich immer noch sehr.

Gefallen Ihnen Ihre alten Bücher immer, wenn Sie heute darin lesen?

ELMAR: Das ist unterschiedlich. Ich überarbeite derzeit eine alte Vorlage, die ich vor vielen Jahren angefangen habe. Da merke ich sehr deutlich, dass ich heute weiter bin.

Woran?

ELMAR: An der Komposition. Wir sind in der Struktur unserer Bücher sehr viel besser geworden. Logik, Ablauf und Intensität sind deutlich verbessert, finden wir jedenfalls.

Welches ist unter Ihren eigenen Werken überhaupt Ihr Lieblingsbuch?

INY: Ich könnte es fast so sagen wie mein Mann: immer das, an dem ich gerade arbeite.

❖ **»Wir haben damals unser Spektrum erweitert.« (Iny)** ❖

Wenn Sie jetzt einmal zurückblicken: Diese harte Kritik damals, die Ihnen beiden so zusetzte, dass Sie viele Jahre mit dem Schreiben aufhörten, war die im Endeffekt für Sie positiv, weil Sie in dieser Zeit des Schweigens ein Reservoir an Lektüre, an Ideen, an Phantasie durch die Rollenspiele füllten?

ELMAR: Ja.

INY: Ja, aber auch, weil wir uns in dieser Zeit ganz entfernten aus der Welt der Fantasy und Science-Fiction. Wie viele Jahre warst du im Fantasy-Club gewesen? Zwanzig Jahre?

ELMAR: Zusammen mit der Science-Fiction waren es sicherlich zwanzig Jahre.

INY: Wir haben die Jahre nach 1986 genutzt, um wegzukommen von der intensiven Beschäftigung mit diesen beiden Welten. Wir haben unser Spektrum erweitert, haben experimentiert.

ELMAR: Ich habe unheimlich viel gelesen, vor allem Sachbücher der unterschiedlichsten Gebiete, allerdings mit dem Schwerpunkt Geschichte. Auch historische Romane las ich viel und kehrte somit wieder zurück zu der Art Bücher, die meine Religionslehrerin mir gegeben hatte.

Also noch einmal: Hat die Kritik sich nicht letztlich für Sie als produktiv erwiesen?

ELMAR: Wenn Sie so wollen, unterm Strich und im Endeffekt schon.

INY: Ich hätte trotzdem darauf verzichten können.

Durchbruch

*Als Sie Ihren ersten richtigen Roman geschrieben hatten,
gaben Sie das Manuskript einem Agenten.*

ELMAR: Es war nicht der erste Roman in jener Zeit, sondern der erste historische Roman.

INY: Und es war unser achter Versuch mit einem Agenten. Es gab unter den Agenten auch solche, die mit DKZV-Verlagen zusammenarbeiteten.

DKZV?

INY: Druckkostenzuschuss-Verlage.

ELMAR: Solche Verlage verkaufen Illusionen. Wir waren aber vorgewarnt, denn bei einer Veranstaltung trafen wir jemanden, der uns eine Geschichte erzählte. Ein Bekannter von ihm hatte bei einem dieser Bezahlverlage ein Buch herausgebracht und musste diesem Verlag damals dafür 19 000 Mark zahlen.

INY: Man muss wissen, dass viele Fantasy- oder Science-Fiction-Autoren gute Jobs hatten, viel Geld verdienten und unheimlich erpicht darauf waren, dass ihre Manuskripte auch veröffentlicht wurden.

ELMAR: Jedenfalls bekam dieser Autor ein halbes Jahr nach Erscheinen seines Buches das Schreiben einer Spedition: Wenn er nicht bald die Palette mit Büchern abhole, werde alles vernichtet. Die hatten also brav sein Buch gedruckt, hatten ihm zwanzig oder dreißig Belegexemplare geschickt, und mehr geschah nicht – für 19 000 Mark.

Und der achte Agent?

INY: Von dem haben wir es schriftlich, dass wir nicht schreiben können. Er hat uns rausgeschmissen. Wir schickten ihm zuletzt noch das erste Kapitel der »Kastratin«, aber darauf hat er nicht mehr reagiert.

Er wird sich geärgert haben, als er mitbekam, dass »Die Kastratin«, also Ihr erster bei Knaur erschienener Roman, ein voller Erfolg war.

INY: Der Roman hat sich bis heute 480 000 Mal verkauft. Aber das sind sicherlich Nacheffekte, denn nach Erscheinen landete das Buch nicht auf der Bestsellerliste. Aber ich schlage mal eben nach. Richtig: In den ersten vier Monaten nach Erscheinen verkaufte sich »Die Kastratin« 52 000 Mal.

❖ **»Die Hauptfigur sollte weiblich sein.« (Elmar)** ❖

Wie kam es dann zum Durchbruch? Oder, anders gefragt: Es ist ja bekannt, dass »Die Kastratin« ein Erfolg wurde, aber wie kamen Sie auf die Idee zu diesem Buch?

ELMAR: Der Agent, der uns rausgeschmissen hatte, gab uns den Hinweis, dass ein historischer Roman eine weibliche Hauptfigur haben müsse. Das hing mit dem großen Erfolg der »Päpstin« zusammen. Wir haben dieses Buch übrigens nie gelesen, aber wir kannten die Sage von der Päpstin Johanna, und wir mochten sie nicht.

INY: Wir haben also beide darüber nachgedacht, wie ein Roman mit einer weiblichen Hauptfigur aussehen könnte; vor allem, wer diese Person sein könnte.

ELMAR: Ich war in meiner Firma, habe mal wieder in der Pause gelesen und danach bei der Arbeit meine Gedanken schweifen lassen. Da kamen mir Zitate aus der Biographie des Kastratensängers Farinelli in den Sinn. Dass man nämlich zu seiner Zeit – wir reden vom achtzehnten Jahrhundert – den Auftritt von Kastratensängerinnen mit einem Augenzwinkern hingenommen habe. Aber hundert Jahre zuvor wären diese Frauen auf dem Scheiterhaufen gelandet.

Weil sie getäuscht hatten?

INY: Nein, weil es gleichsam als ein Verbrechen gegen die menschliche Natur galt, wenn eine Frau sich als Mann ausgab. In Paris zum Beispiel wurden Frauen schwer bestraft, die sich als Männer ausgaben.

ELMAR: Auf jeden Fall komme ich an diesem Tag kurz vor dreiundzwanzig Uhr nach Hause und sage zu Iny: »Ich habe eine Idee.«

INY: Und ich sage: »Ich auch.«

ELMAR: Und dann kommt das Übliche: »Fang du an.« »Nein, fang du an.« Und dann ich: »Wie wär's, wenn wir über ein junges Mädchen schreiben, das sich als Kastratensängerin verkleidet?«

INY: Da bekam ich beinahe einen Schreikrampf: »Genau meine Idee!« Wir waren unabhängig voneinander auf der Suche nach einer weiblichen Hauptperson auf dieselbe Idee verfallen, allerdings aufgrund unterschiedlicher Quellen. Giacomo Casanova hatte ein Verhältnis mit einer Kastratensängerin. Und diese Geschichte aus den zwölfbändigen Erinnerungen, die ich mal komplett gelesen hatte, war mir wieder in den Sinn gekommen.

ELMAR: Und dann haben wir uns hingesetzt und die Geschichte entworfen.

Schon in der heutigen Art der Zusammenarbeit: Beide skizzieren die Handlung, der eine schreibt, der andere redigiert?

ELMAR: Genau. Diese Zusammenarbeit hatte sich ja schon bewährt. Nur mit dem Unterschied, dass ich noch keinen Vorlauf hatte. Denn ich fing ja an mit dem Schreiben, Iny riss mir gleich das Manuskript aus der Hand, und ich hatte nicht so viel Zeit, gleich mit dem Schreiben nachzukommen. Die heutige Methode mit dem siebenmaligen Bearbeiten des Manuskripts, die gibt es in diesem Ablauf erst seit unserem dritten Buch.

Und wann und wie kommt der erste Kontakt zur Agentur Lianne Kolf zustande? Wie erfuhren Sie überhaupt von ihr?

INY: In einem der Internetforen, das angehenden, aber auch etablierten Autoren eine Plattform bot, stand eine Liste der Literaturagenten, die der Urheber dieser Zusammenstellung für gut befand. Da tauchte auch die literarische Agentur Lianne Kolf auf, mit dem Zusatz: »Nimmt nur selten Neue.« Gut, damals gab es immerhin von uns ein Kinderbuch, sechzehn veröffentlichte Kurzgeschichten. Und, worüber wir noch nicht gesprochen haben, drei Bücher zu Fernsehserien, die Auftragsarbeit eines der Agenten, die wir ausprobierten. Immerhin hat er das Honorar gezahlt.

❖ **»Es meldete sich eine wahnsinnig nette Stimme.« (Iny)** ❖

Haben Sie bei der Agentur angerufen, oder sind Sie gleich in Person vorstellig geworden?

INY: Ich rief an einem Freitagnachmittag an. Es meldete sich eine wahnsinnig nette Herrenstimme, die zu dem späteren Ehemann von Lianne Kolf gehörte: »So, Sie schreiben historische Romane? Ja, schicken Sie uns gerne einen.«

Und Sie sind dann tatsächlich zu Frau Kolf marschiert und haben ihr einen Riesenstapel Manuskripte überreicht?

ELMAR: Lianne hat eine *urban legend* aus der Sache gemacht.

Was ist das?

INY: Ein Ammenmärchen, eine lustvolle Übertreibung.

ELMAR: Lianne behauptet, ich sei mit einem braunen Karton, in dem sich 3500 Manuskriptseiten befunden hätten, bei ihr aufgetaucht. In Wirklichkeit war es ein grauer Karton, und es waren nur etwa 2100 Seiten.

Immer noch eine furchteinflößende Menge.

ELMAR: Es handelte sich um Inys Riesenroman, dann um einen Roman von mir.

INY: In ähnlicher Länge.

ELMAR: Und um das Anfangskapitel unserer »Kastratin«. Die beiden dicken Manuskripte ließ Lianne liegen und sagte später, sie sei immer darum herumgeschlichen. Aber den Anfang der »Kastratin« las sie. Just an meinem Geburtstag 2001 bekamen wir dann ein Fax von ihr, wir sollten noch ein bisschen Lesestoff von der »Kastratin« schicken. Da haben wir geantwortet: »In vier Wochen ist der ganze Roman fertig.«

Wie viel Zeit war vergangen zwischen diesem Fax und dem ersten Besuch?

ELMAR: Schätzungsweise zweieinhalb Monate. Dann bin ich zu ihr, habe ihr das Manuskript übergeben. Im September kam dann die Aufforderung, nach München zu fahren und den Agenturvertrag zu unterschreiben. Und bei dieser Begegnung kam die berüchtigte Frage von Lianne: »Und was schreiben Sie als Übernächstes?«

INY: Wohlgemerkt: nicht als Nächstes, sondern als Übernächstes. Aber diese Frage kam uns ja sehr zupass.

ELMAR: Wir waren gerade zurück von der Recherche im Amsterdamer Jüdischen Museum, hatten die Handlung des Romans »Die Goldhändlerin« ausbaldowert. Und die konnten wir ihr jetzt erzählen. Lianne hat gestaunt. Wir waren natürlich Feuer und Flamme.

Frau Kolf fragte ja nach dem übernächsten Roman. Aber gab es auch Pläne für den nächsten?

ELMAR: Nicht nur Pläne, der war schon so gut wie fertig.

Nun hatten Sie ja zwar den Agenturvertrag, aber noch keinen Verlag. Frau Kolf musste ja wohl jetzt erst einmal einen finden.

ELMAR: Irgendwann teilte uns die Agentur mit, dass sich fünf Verlage interessiert gezeigt hätten, dass aber Knaur auch bereit sei, einen Vertrag abzuschließen. Allerdings waren die Konditionen nicht so toll.

INY: Lianne war den Tränen nahe – zumindest hörte es sich so an.

Erinnern Sie sich noch an den Vorschuss?

INY: Klar. Fünftausend Euro.

Für Neulinge ja nicht so schrecklich schlecht.

INY: Ich empfand das damals auch nicht als so niedrig. Aber der Vorschuss war uns egal. Für uns war doch das Wichtigste, erst einmal reinzukommen, erst einmal unser Buch gedruckt zu sehen. Und wir hatten »Die Wanderhure« so gut wie fertig und kamen mit der »Goldhändlerin« gut voran, so dass es jetzt für uns einfach nur darauf ankam, einen Fuß in der Tür zu haben. Für spätere Bücher ließe sich ja immer noch über bessere Konditionen verhandeln. Also unterschrieben wir.

Wann erschien »Die Kastratin«?

INY: So weit sind wir noch nicht.

❖   **»Dann kam der berühmte Freitag.« (Iny)**   ❖

ELMAR: Wir sind noch im Jahr 2002. Wir haben zu diesem Zeitpunkt den Vertrag mit Knaur über »Die Kastratin«, haben Lianne das Manuskript der »Wanderhure« vorgelegt und das Exposé der »Goldhändlerin« samt Leseprobe. Und ich sitze schon überm nächsten Roman. Und dann kommt ein Freitag.

INY: Der berühmte Freitag.

ELMAR: Da kommt ein Anruf bei Iny in der Firma. Wir

waren mit Lianne Kolf damals noch per Sie: »Frau Klocke, es muss unbedingt einer von Ihnen noch heute in die
Agentur kommen.« Da ich Frühschicht hatte und eine
Stunde früher als Iny loskam, traf es mich. Ich fuhr also
nach München, ging zu Frau Kolf ins Arbeitszimmer. Da
sagte sie: »Herr Wohlrath, ich habe zwei Nachrichten für
Sie: Die erste lautet: Knaur ist bereit, ›Die Goldhändlerin‹
und ›Die Wanderhure‹ anzukaufen. Wenn Sie zweitens in
der Lage sind, bis Montag ein Exposé für die Fortsetzung
der ›Wanderhure‹ vorzulegen.«

Was ging in Ihnen vor? Überwog die Freude oder der
Schrecken?

ELMAR: Ganz klar der Schrecken. »Die Wanderhure«
war für mich abgeschlossen. Wie sollten wir zu einem ab-
geschlossenen Roman eine Fortsetzung basteln? Der Roman war doch längst an sein glückliches Ende gelangt.
Marie war verheiratet, nachdem sie ihren schweren Weg
durchs Leben gegangen war, mit all den Kämpfen und
Konflikten. Happy End, basta. In der U-Bahn, bei der
vierten Station, ging mir aber plötzlich ein Licht auf.

INY: Wie bei Daniel Düsentrieb. Die große Erkenntnis.

ELMAR: Iny war schon zu Hause. Jetzt sagte auch ich,
dass ich zwei Neuigkeiten für sie habe: dass Knaur bereit sei, »Die Wanderhure« und »Die Goldhändlerin«
anzukaufen, wenn wir bis Montag das Exposé zur Fortsetzung der »Wanderhure« vorlegen würden. Und die
zweite Nachricht: Ich habe eine Idee für die Fortsetzung.

Und diese Idee?

ELMAR: Wir lassen Michel in die Wirren der Hussiten-kriege geraten, und Marie wird ihn suchen.

Und haben Sie das Exposé bis Montag fertig gehabt?

ELMAR: Ja! Es war ein sehr kurzes Wochenende.

INY: Mit sehr wenig Schlaf und vielen Diskussionen.

ELMAR: Ich musste, weil ich Spätschicht hatte, erst nachmittags in die Firma, so dass ich den Vorschlag vor der Arbeit in der Agentur abgeben konnte.

Wie umfangreich ist solch ein Exposé?

ELMAR: In diesem Fall war es nur eine Seite, aber eng bedruckt. Einige Zeit später klingelte das Telefon. Lianne Kolf teilte uns mit, dass Knaur »Die Goldhändlerin«, »Die Wanderhure« und die Fortsetzung der »Wander-hure« ankauft. »Die Kastratin« war ja bereits unter Dach und Fach.

❖ **»Sie kaufen keine Romane,
sondern Autoren.« (Elmar)** ❖

Auf diese Weise hatten Sie den Vertrag für vier Bücher, ehe überhaupt eines von Ihnen auf dem Markt war. Eher ungewöhnlich. Und die Bezahlung?

INY: Das Drei- bis Fünffache vom ersten. Das ist Lianne.

ELMAR: Verstanden habe ich das damals auch nicht, dass ein Verlag dermaßen viel auf Vorrat kauft. Aber eine Frau aus dem Verlagswesen hat mir dieses Vorgehen später einmal erklärt, indem sie sagte: »Ich kaufe keine Romane, ich kaufe Autoren.« Was für sie wichtig ist, ist nicht die Güte des ersten Romans, an dem ein Autor vielleicht viele Jahre gefeilt hat, sondern dass ein Autor den zweiten, dritten, vierten Roman in derselben Qualität wie den ersten abliefert.

INY: Ich denke, dass viele Autoren auch ins Schwimmen geraten, wenn sie innerhalb einer vereinbarten Zeit den zweiten Roman fertigstellen sollen. Für den ersten hatten sie ja alle Zeit der Welt, da bedrängte sie niemand, weil auch niemand von diesem Roman wusste. Aber plötzlich sollen sie nun ein ganzes großes Manuskript in zwölf Monaten schaffen.

ELMAR: Gut, bei uns war beim zweiten und beim dritten kein Druck, weil wir die ja schon weitgehend fertig hatten.

In welcher Folge erschienen dann die Bücher?

ELMAR: Nach der »Kastratin« kam »Die Wanderhure« als Hardcover heraus, dann »Die Goldhändlerin« als Taschenbuch.

Schlug »Die Wanderhure« gleich ein?

INY: Einschlagen ist gar kein Ausdruck. Nicht als Hardcover allerdings. Da muss es mal kurz ganz unten auf der

Bestsellerliste gestanden haben, das bekamen wir aber gar nicht mit.

ELMAR: Knapp zwanzigtausend wurden als Hardcover verkauft. »Die Goldhändlerin« spielte etwa in derselben Liga.

INY: Und dann kam das Taschenbuch der »Wanderhure« heraus. Und da kam die Sache mit dem Gemüse.

Was heißt das?

INY: Das sind die Sachen, die wir so gerne erzählen.

ELMAR: Iny war bei der Arbeit, und ich schrieb. Zu diesem Zeitpunkt wurden wir daheim selten gestört. Wir bekamen noch nicht die Massen an Belegexemplaren. Es gab auch niemanden, der uns privat Päckchen oder Pakete schickte. Das heißt, wenn jemand an der Tür klingelte, waren es entweder die Zeugen Jehovas oder jemand anderer, den man nicht unbedingt freudig erwartete. Da läutet es plötzlich. Ich, etwas verärgert darüber, beim Schreiben gestört zu werden, gehe zur Tür. Das steht ein Mann mit einem Riesenkarton und sagt: »Blumen für Klocke und Wohlrath.« Ich antworte, unsere letzten Blumen hätten wir zur Hochzeit vor zwanzig Jahren bekommen. Na, irgendwann nehme ich den Karton dann doch an, hole einen riesigen Strauß heraus und finde eine Karte: »Herzlichen Glückwunsch zu Platz fünf auf der Bestsellerliste.« Dann gehe ich zum Telefon, rufe Iny an und erzähle von dem großen Strauß Gemüse und sage: »Du, Iny, was ist eigentlich die Bestsellerliste?«

INY: Ich wusste es auch nicht so genau, wir hatten uns darum ja nie gekümmert. Ich bin gleich ins Netz gegangen, habe bei www.buchreport.de die Harenbergliste entdeckt. Tatsächlich, unsere »Wanderhure« stand auf Platz fünf. Und dann habe ich auch festgestellt, dass man diese Harenbergliste sogar rückwirkend einsehen konnte. Und siehe da, auch »Die Goldhändlerin« war auf der Liste gewesen, »Die Kastratin« dagegen nicht. Über die Auswirkungen haben wir noch gar nicht nachgedacht.

ELMAR: Es war quasi eine Lawine.

INY: »Die Wanderhure« hat dann zweieinhalb Jahre auf der Bestsellerliste gestanden und ist im Zuge der Verfilmung noch zwei weitere Male hineingekommen.

Diese Verfilmung mit Alexandra Neldel in der Hauptrolle auf SAT.1 war im Jahr 2010 ungewöhnlich erfolgreich.

ELMAR: 9,75 Millionen Zuschauer.

INY: Was einer Quote von sagenhaften 34,2 Prozent entsprach.

Wie war es zu der Verfilmung gekommen?

ELMAR: Obwohl das Buch ja ein Riesenerfolg war, winkten viele Produzenten ab, als Frau Schickinger von der Agentur Kolf ihnen die Geschichte anbot. Mittelalter als Filmstoff erschien ihnen wohl nicht attraktiv genug, wir wissen es nicht genau. Dann griff aber Bernd Burgemeister zu, der damalige Inhaber von TV60Film. Er und der Produzent Andreas Bareiss waren die Einzigen, die an den Stoff glaubten. Tragischerweise hat er den Riesenerfolg des Films nicht mehr erlebt. Sein Sohn Sven Burgemeister führt die Produktionsfirma fort, und Andreas Bareiss hat die Verfilmung damals in die Hand genommen und auch die zwei weiteren Wanderhure-Verfilmungen sowie »Das goldene Ufer« gedreht, die alle sehr gute bis ausgezeichnete Zuschauerquoten erreicht haben.

INY: Solche filmischen Umsetzungen erzeugen aber nur einen gewissen Strohfeuereffekt, der sehr schnell erlischt. Das ist scheinbar immer so.

ELMAR: Das haben wir schon von anderen Autoren gehört.

Was hat Ihnen diese erste Verfilmung bedeutet?

INY: Vor allem eine nette Abwechslung. Alexandra Neldel, die die Hauptrolle spielte, ist wirklich eine sehr nette, muntere Person. Und wenn man sie umarmt, hat man nichts in der Hand. Sie ist so ein schlankes, zartes Geschöpf.

ELMAR: Es war ein neues Abenteuer. Ein Blick in eine uns bis dato unbekannte Welt. Man hat zugeschaut und fuhr dann wieder heim zum Schreiben. Wir durften zwei Tage bei den Dreharbeiten im ungarischen Fót dabei sein. Die haben alle möglichen Kulissen, können ganze mittelalterliche Städte nachbilden. Da ist, glaube ich, auch der erste Ken-Follett-Film gedreht worden.

❖ **»Ich bin mit Scheuklappen auf mein Schreiben konzentriert.« (Elmar)** ❖

Kennen Sie zufällig Folletts Auflage? Die muss ja allein in Deutschland gewaltig sein.

ELMAR: Ich muss offen gestehen, dass ich mich im Grunde nicht um Auflagen kümmere. Ich bin mit Scheuklappen auf mein Schreiben konzentriert.

INY: Als einmal jemand behauptete, Elmar schreibe für Geld, da habe ich einen Lachkrampf gekriegt. Er kennt ja noch nicht einmal unseren Kontostand.

Was hat Ihnen damals der Supererfolg der »Wanderhure« bedeutet?

INY: Es war eine enorme Bestätigung. Wenn Sie bedenken, dass wir nach heftigster Kritik fast zehn Jahre geschwiegen hatten, war das ein unglaubliches Gefühl.

ELMAR: Dieser Erfolg war aber auch eine Verpflichtung. Wir wollten jetzt jeden Roman so gut schreiben, dass der Verlag den nächsten wieder gerne nehmen würde. Den Erfolg spürten wir vor allem daran, dass wir in der alten Wohnung nicht mehr wussten, wohin mit den ganzen Belegexemplaren. Wir hatten den Hobbykeller voll und stopften die Bücher bereits in die Schlafzimmerschränke und verschenkten sie natürlich. Aber es waren immer

noch zu viele. Inzwischen haben wir eine Sperre eingebaut.

Gab es eigentlich auch Neider?

INY: Ja, die gab es. Aber genauso gab es auch Autorenkollegen, die sagten: Wenn man lange kämpft und sich
anstrengt und dazulernt, dann kann man auch einen
Durchbruch erzielen. Unser Erfolg hat diesen Kolleginnen und Kollegen sicherlich Mut gemacht.

Schreiben

Wer hat Sie schreiberisch eigentlich geprägt? Haben Sie beim Schreiben so etwas wie ein Vorbild?

ELMAR: Ich habe so viel gelesen, dass ich auf kein Vorbild komme. Oder auf Hunderte von Vorbildern.

Bedeutet Ihnen zum Beispiel Karl May etwas?

ELMAR: Den habe ich früh gelesen, als Kind, und ich fand einige seiner Sachen auch faszinierend. Aber zum Vorbild reichte es nicht. Wer mich sicherlich ein wenig geprägt hat, das waren Georgette Heyer und Agatha Christie – und natürlich auch Tolkien.

❖ **»Wenn man Bücher essen könnte, hätte ich mich von ihnen ernährt.« (Iny)** ❖

Und bei Ihnen?

INY: Tolkien würde auch ich nennen. Sonst geht es mir wie Elmar. Wie gesagt, ich habe unendlich viel gelesen. Wenn man Bücher essen könnte, hätte ich mich von Büchern ernährt. Ich habe gelesen, was ich in die Finger bekam. Bücher kaufen konnte ich mir als Kind und Jugendliche bei meinem minimalen Taschengeld nicht. Ich las alles, was bei meinen Großeltern im Regal stand. Und dann nutzte ich die Leihbibliothek. Bücher von Franz Kuhn habe ich gern gelesen, etwa »Mondfrau und Silbervase«. Ich las ja auch keineswegs nur Romane, sondern fand auch Sachbücher interessant.

ELMAR: Ich las sehr früh die Bibel. Das stehen ja auch spannende Geschichten drin, vor allem im Alten Testament. Ich las beinahe zwanghaft. So, wie ich heute schreiben muss, musste ich damals lesen. Und so war es auch, als ich arbeitete. Ich habe in der Mittagspause gelesen, ich habe in jeder Pause gelesen, ich war der Einzige, der unsere Werksbibliothek in Burghausen nutzte.

Wenn Sie keine schriftstellerischen Vorbilder haben – gibt es dann wenigstens zeitgenössische Kollegen, die Sie schätzen?

INY: Eine ganze Menge. Sabine Ebert zum Beispiel.

ELMAR: Tanja Kinkel, Rebecca Gablé, Richard Dübell, Daniel Wolf ...

INY: Auch Melanie Metzenthin, eigentlich Frau Dr. Metzenthin, denn sie ist Fachärztin für Psychiatrie und schreibt ganz toll.

Sie haben einmal gesagt: »Wir plagen uns beim Schreiben.«

INY: Ja, Schreiben ist Schwerarbeit.

ELMAR: Es gab Zeiten, da musste man mich an den Computer prügeln. Da stand ich kurz vor dem Burnout.

War das schon zu den Zeiten Ihres Erfolgs?

ELMAR: Das war zu der Zeit, als wir bereits professionell Bücher schrieben, aber gleichzeitig noch voll berufstätig waren, ich sogar im Schichtdienst. Das Problem ist, dass der Erfolg an einem frisst. Wer den ersten Erfolg hat, will beweisen, dass das nicht grundlos war. Ich kam vom Schichtdienst spät heim, quälte mich morgens an den Computer. Nach einigen Minuten hatte ich ins Schreiben hineingefunden, da war es nach ein paar Stunden schon wieder Zeit, zur Arbeit zu gehen. Es war also erst die Überwindung, aber dann der Schmerz, den Text wieder verlassen zu müssen – eine erschöpfende Phase. Eines Tages bin ich zusammengeklappt, danach fiel der Entschluss, die Stelle zu kündigen.

INY: Zumal sein Orthopäde ihm prophezeit hatte: »In drei Jahren sitzen Sie im Rollstuhl.«

Was hat das Schreiben mit der Orthopädie zu tun?

INY: Mit der Arbeit. Seine Füße sind beide operiert, das hing mit der Arbeit zusammen. Elmar war ja im Druck-Operating tätig und musste Sicherheitsschuhe tragen.

ELMAR: Und es kam hinzu, dass unsere Firma, ein großer Münchener Versicherungskonzern, 7500 Menschen entlassen wollte. Da konnten wir es nicht mehr vertreten, dass wir, die wir im zweiten Jahr hintereinander mit dem Schreiben erfolgreich waren, unsere Stellen behielten, während andere ihren Job verloren. Ich habe dann einen dreißigjährigen Familienvater glücklich gemacht. Und meinen Chef, der jemanden gewann, der voll aktiv war, und einen anderen abgab, der im Geiste mehr mit dem Schreiben beschäftigt war.

Tat es Ihren Texten gut, dass Sie sich nun ganz aufs Schreiben konzentrieren konnten?

ELMAR: Das weiß ich nicht, das müssen andere entscheiden. Aber uns tat es gut, so viel ist gewiss. Es fiel Druck von uns ab. Jeden Satz, jedes Detail der Struktur eines Romans konnten wir uns nun in Ruhe überlegen.

Ich hatte bei der Lektüre Ihrer Bücher den Eindruck, dass Sie Ihre Leser niemals mit Unverständlichem belasten wollen.

INY: Nein, das tun wir nicht.

❖   **»Ich selbst habe aus Büchern   ❖
          unglaublich viel gelernt.«** (Iny)

Zum Beispiel kommt in einem Ihrer Bücher Heinrich Schliemann vor. Da erklären Sie gleich im nächsten Satz, dass Schliemann ein bedeutender Archäologe war.

INY: Es ist doch so: Ich selbst habe aus Büchern unglaublich viel gelernt. Und das hätte ich ja nicht, wenn die Autoren unverständlich geblieben wären. Wobei wir versuchen, niemals belehrend zu wirken. Den Zeigefinger braucht niemand. Wenn wir nicht ganz kurz erklären würden, wer Schliemann war, müsste der Leser ja zum Lexikon greifen oder bei Wikipedia nachschauen. Die

Haltung »Ich als Autor weiß alles, und du als Leser bist dumm«, die passt nicht zu uns.

Es fällt auf, dass Sie in Ihren Romanen sehr selten Landschaften schildern. Und wenn Sie es tun, dann denkbar kurz.

ELMAR: Das ist richtig. Wir reißen das landschaftliche Thema allenfalls an.

INY: Die Menschen haben eigentlich alle Bilder aus dem Fernsehen und aus Filmen im Kopf. Wenn man ganz kurz etwa den Wald beschreibt, die alten Bäume, die herbstlichen Blätter, das Moos – das reicht, damit in den Köpfen Bilder entstehen.

ELMAR: Karl May musste noch die Landschaft sehr genau beschreiben, weil seine Leser niemals die Wüste gesehen hatten. Heute braucht man niemandem mehr groß zu erzählen, wie eine Prärie aussieht. Heute kennen die Menschen auch die Wüste aus Tausenden Bildern oder weil sie in Tunesien Urlaub gemacht haben.

Wie unterscheiden sich Ihre Leser von den Lesern anderer Autoren Ihrer Richtung?

INY: So genau können wir das nicht sagen. Aber ich glaube, man kann behaupten, wir haben viele Leser, die nicht nur historische Romane lesen.

Jetzt kommt eine, wie ich finde, besonders wichtige Frage. Es gibt in Ihrem Genre in Deutschland doch gewiss drei-

tausend Autorinnen und Autoren, die Ähnliches schreiben wie Sie, die aber nicht annähernd einen so enormen Erfolg wie Sie haben. Was macht den Unterschied aus?

INY: Wenn man uns wirklich nachahmen könnte, würden es viele tun.

Eben.

ELMAR: Einmal wurde uns bei einer Lesung genau diese Frage gestellt. Ich habe gesagt: Wissen Sie, wenn wir selbst dieses Rezept so genau kennen würden, hätten wir dieses Rezept längst unserem Verlag verkauft.

❖   **»Wir werden niemals verkappte   ❖
         Sachbücher schreiben.« (Iny)**

INY: Mein Mann und ich hatten ja, ehe wir anfingen, ernsthaft zu schreiben, unendlich viele Bücher gelesen, Elmar noch mehr als ich. Und wir sagten uns: Die Faszination, die von diesen Büchern ausgeht, wollen auch wir vermitteln. Kombiniert mit der Sprache von heute und ein bisschen mit dem, wie es die Amerikaner machen.

Und mit der Methode der Amerikaner meinen Sie was genau?

INY: Die Leichtigkeit und das Erzählerische. Wir werden eines nie tun: Wir werden keine verkappten Sachbücher schreiben. Leider muss man sagen, dass viele Kolleginnen und Kollegen – und das wird meist auch für richtig gehalten – halbe Sachbücher verfassen: viel zu viele Informationen und einfach zu wenig Handlung. Und es gibt rein handwerkliche Fehler. Da lässt ein Autor oder eine Autorin eine Figur, die zehn Jahre in einer Stadt gelebt hat, durch diese Stadt laufen und diese Figur erzählen, was sie sieht. Ja, ich frage Sie, was sieht denn jemand, der so lange in einer Stadt lebt? Er sieht gar nichts mehr. Ihm ist alles selbstverständlich, ihm fällt nichts mehr auf. Er hat anderes im Kopf als die Beschreibung der Kirchtürme oder der Stadtmauer.

❖ »Info-Dump vernebelt die Handlung.« (Iny) ❖

ELMAR: Ihm fällt höchstens auf, was sich verändert hat.

INY: Genau. Oder wenn irgendjemand danach fragt. Wenn er jemanden vielleicht durch diese Stadt führt. Sehen Sie, das sind solche handwerklichen Regeln, die wir beachten. Und wir sind sehr vorsichtig mit Info-Dump, also mit zu viel Hintergrundwissen, das sich nicht organisch aus der Handlung ergibt. Solcher Info-Dump vernebelt die Handlung. Unsere Agenturlektorin möchte oft, dass in den Romanen ein Zusammenhang noch besser historisch erklärt wird. Die andere Lektorin, die im Auftrag des Verlags arbeitet, schreibt uns nichts vor, aber sie macht Vorschläge oder äußert Bitten an den Text.

Das ist immer dieselbe Lektorin?

INY: Im Verlag? Ja, Gott sei Dank. Diese Lektorin Regine Weisbrod ist für uns genau die Richtige. Sie lässt uns unsere Freiheit, sie zwängt uns keine Formulierungen auf, sie verwendet vor allem keine Formulierungen, die wir selbst nie gebrauchen würden. Sie schreibt vielmehr Bemerkungen auf: »Was bedeutet das?«, »Was soll das?«, »Erklärt mir das!« Es ist absolut super, mit ihr zusammenzuarbeiten. Und das Gleiche gilt natürlich noch mehr für unsere Agenturlektorin, unsere Freundin Ingeborg Castell. Beide sind für unsere Arbeit sehr hilfreich, sehr nützlich und konstruktiv. Wir arbeiten mit beiden gern zusammen.

Sie scheinen, was ja selten ist, mit Ihrer Agentin, mit Ihren Lektorinnen, mit dem Verlag ausgesprochen zufrieden zu sein.

INY: Absolut. Und das beginnt an der Spitze. Hans-Peter Übleis von Droemer Knaur ist ein Verleger, mit dem wir ein ähnlich beruflich-freundschaftliches Verhältnis haben, wie es wohl Autoren früherer Zeiten mit ihrem Inhaber-Verleger hatten. Er kümmert sich in vielen Dingen selbst um unsere Belange im Verlag, und wir verstehen uns wirklich sehr gut. Gelegentlich ruft er sogar selbst an, er fragt, wie es uns geht. Er hat uns auch schon besucht. Überhaupt ist die Zusammenarbeit mit allen Personen, mit denen wir es bei Droemer Knaur zu tun haben, ungewöhnlich gut. Dieses Gefühl intensiviert sich dann noch einmal, wenn wir von anderen Autorinnen und Autoren hören, wie es denen mit ihren Verlagen ergeht.

Wer wirkt in einem solchen Verlag noch alles mit, damit ein Buch ein Erfolg wird?

INY: Das sind viele. Wir können uns da auf ein hochengagiertes Team verlassen.

Wer ist das so alles?

ELMAR: Wie gesagt, es sind viel mehr, als sich der Laie vorstellen kann. Da ist zum Beispiel Renate Abrasch. Sie ist sicherlich eine der besten Lizenz-Spezialistinnen der Branche. Patricia Kessler sorgt hocheffizient für die Pressearbeit. Christine Steffen-Reimann ist unsere sehr tüchtige Programmleiterin und Cheflektorin. Auch im Marketing fühlen wir uns bestens aufgehoben: Theresa Schenkel sorgt dafür, dass wir gute Cover für unsere Bücher bekommen. Theresa ist toll.

Was genau ist so toll an ihr?

INY: Sie kommt schon mit Vorschlägen für die Titelgestaltung. Von denen wählen wir gemeinsam einen aus oder arbeiten noch gemeinsam daran. Wir bekommen vom Verlag nicht einfach einen Entwurf diktiert.

ELMAR: Sie drängt uns nichts auf, sie diktiert nichts. Aber sie sagt auch ganz klar, wenn wir Vorschläge machen: »Das funktioniert nicht.« Oder: »Das verkauft sich nicht.«

Wie sieht denn für Sie ein perfektes Cover aus? Können Sie das definieren?

INY: Nein, kann ich nicht. Ich kann aber sagen, was mir gefällt und was nicht.

ELMAR: Für uns ist vielleicht ein Cover perfekt, das Tiefenschärfe hat. Ein Cover sollte eine Geschichte erzählen.

INY: Sehr effektvoll finden wir zum Beispiel die Titelgestaltung bei der Taschenbuchausgabe von »Flammen des Himmels«. Im Hintergrund von oben bis unten die Teilansicht einer Landschaft mit Kathedrale und im Vordergrund eine Frau in einem farbenfrohen Kleid, halb Purpur, halb strahlendes Blau. Das zieht die Augen an, das suggeriert eine Geschichte, da will man als potenzieller Leser mehr wissen.

Das Gesicht dieser Dame ist aber nicht zu erkennen. Es ist mir schon öfter aufgefallen, dass bei vielen Ihrer Titel der Kopf abgeschnitten oder nur angeschnitten ist. Warum?

❖ **»Bei einer Frau ohne Kopf beginnt** ❖
die Phantasie zu arbeiten.« (Elmar)

INY: Die Leser sind unterschiedlich und haben verschiedene Geschmäcker. Dasselbe Frauengesicht erscheint dem einen vielleicht zu traurig oder zu aggressiv oder nicht schön genug.

ELMAR: Indem ein Buchtitel das Gesicht nicht zeigt, sondern nur die Kleidung, die Gestalt und vielleicht die Umgebung, beginnt die Phantasie des Lesers oder der Leserin zu arbeiten.

INY: Da beginnt im Kopf ein Film, der von Betrachter zu Betrachter ganz unterschiedlich ablaufen kann.

Jetzt lassen Sie uns bitte ein bisschen ausführlicher über die Technik oder Methodik Ihres Schreibens sprechen. Das

*wird sicherlich nicht nur Ihre Leser, sondern auch poten-
zielle Autoren interessieren. Die erste Frage zu diesem
Komplex: Schreiben Sie wirklich gemeinsam?*

INY: Wir schreiben nicht zusammen im Sinn der Gleich-
zeitigkeit. Wir formulieren nicht abwechselnd Absatz per
Absatz oder gar Satz für Satz. Aber wir erschaffen unsere
Bücher gemeinsam. Die Entstehung eines Manuskripts ist
ein langer Prozess. Er fängt an mit einer Idee. Wobei wir
manchmal nur locker über irgendeine Idee sprechen, und
plötzlich merke ich, dass mein Mann bereits anfängt, daraus einen Text zu machen. Dann sage ich: »Wieso fängst
du denn schon an?«

ELMAR: Das Problem ist: Man ist darauf dressiert zu
schreiben.

*Sie sagen häufig »man«, wenn Sie eigentlich »ich« mei-
nen.*

ELMAR: Das stimmt. Also, ich bin darauf dressiert zu
schreiben. Wenn ich vierzehn Tage lang nicht schreibe,
werde ich unruhig und bin nicht mehr genießbar.

❖   **»Na ja, nicht direkt unangenehm.« (Iny)**   ❖

Werden Sie unangenehm?

ELMAR: Ja.

INY: Na ja, nicht direkt unangenehm. Aber es ist dann
schwieriger, mit ihm zu reden.

Das gemeinsame Schreiben kann man sich also nicht so vorstellen, dass Sie nebeneinander vorm Computer sitzen, der eine den ersten Satz schreibt, die andere den zweiten und so fort. Aber wie funktioniert Ihre Zusammenarbeit dann?

INY: Zunächst kommen ja die ganzen Vorbereitungen. Da muss ich jetzt doch weiter ausholen, denn die gehören zum Schreiben unbedingt dazu.

Was steht am Anfang?

INY: Am Anfang steht eine grundlegende Idee. Über die diskutieren wir lange und sammeln weitere Gedanken zu dem Thema. Dann fällt der Entschluss, daraus einen Roman zu machen – mit oder ohne Zustimmung des Verlags, meist erst einmal ohne. Wir nehmen so manches Projekt in Angriff, für das wir noch gar keinen Vertrag haben.

Wie lange kann man sich die vorbereitende Diskussion über die Handlung eines Romans vorstellen?

INY: Manchmal Monate, manchmal Jahre, aber nicht ununterbrochen. Wenn wir uns dann zu einem Stoff entschlossen haben, beginnt mein Mann mit der Recherche.

ELMAR: Bei der Frankfurter Buchmesse besuche ich die Verlage, von denen ich weiß, dass sie Bücher über das betreffende Thema im Programm haben. Die Titel, die mich interessieren, bestelle ich bei unserer örtlichen Buchhändlerin. Wenn wir die nicht unterstützen, haben wir irgendwann vielleicht keine mehr in unserem Umfeld. Eine wichtige Informationsquelle sind unsere Recherchereisen zu den Handlungsorten kommender Bücher. Da sammeln wir Material bei den örtlichen Museen, den Touristinformationen, und wir klappern dort auch immer den örtlichen Buchhandel nach Regionalia ab.

Recherchieren Sie gar nicht im Internet?

ELMAR: Das ist eher die Ausnahme. Das Internet war sehr hilfreich, als wir für unseren Roman über die Deutschen im Amerikanischen Bürgerkrieg recherchierten. Da gab es tolle Informationen auf den Internetseiten amerikanischer Universitäten. Im Internet habe ich auch geforscht, als wir unseren Roman über die Wanderapothekerin vorbereiteten. Es ging um die sogenannten Buckelapotheker oder die thüringischen Olitätenhändler.

Was sind Olitäten?

INY: Naturheilmittel, die im späten Mittelalter von wandernden und sachkundigen Händlern vertrieben wurden. Im thüringischen Schiefergebirge wuchsen mehr als 53 Heilpflanzen. Nach dem Dreißigjährigen Krieg hat Johann Mylius Arzneien aus den Kräutern entwickelt und sie durch die Buckelapotheker, die ihre Ware auf dem Rücken trugen, an die Menschen gebracht.

ELMAR: Die Fürstentümer Schwarzburg-Rudolstadt und Schwarzburg-Sondershausen hatten Anteil am thüringischen Schiefergebirge. Deren Olitätenhändler sind mit ihren Reffs, also übermannshohen Tragegestellen, bis nach Utrecht und Amsterdam gewandert. Übers Internet stieß ich auf ein Buch der Universität Jena, das über Arzneimittel und Rezepte aus jener Zeit informierte und enorm hilfreich war.

❖ »Auch interessante Details muss man weglassen.« (Elmar) ❖

Wenn Sie jetzt einmal schätzen müssten, wie viel Sie von dem, was Sie sich bei der Recherche anlesen, im Roman tatsächlich verwenden, wie hoch wäre der Anteil?

ELMAR: Zehn bis zwanzig Prozent. Da muss man auch höllisch aufpassen, dass man sich nicht forttragen lässt von all dem Wissen, das man sich da aneignet. Man entdeckt ein hochinteressantes Detail und will es unbedingt unterbringen. Aber wenn es partout nicht in die Handlung passt, muss man es eben weglassen. Das schmerzt manchmal, aber es muss sein.

Zapfen Sie bei Ihren Recherchereisen auch das Wissen örtlicher Geschichtsvereine an?

ELMAR: Gern, wenn es sich ergibt und wenn sie überhaupt vorhanden sind. Im Fall der Wanderapothekerin hatten wir das Glück, mit dem Förderverein »Olitätenwege im Thüringer Kräutergarten« und dessen Vorsitzenden Heinz Liebermann in Kontakt zu kommen. Herr Liebermann hat uns mit Informationen unterstützt und uns Bücher zur Lektüre vorgeschlagen, die wir uns besorgten, davon einige antiquarisch. Herr Liebermann hat auch dafür gesorgt, dass wir uns im Roman mehr auf die historische Wirklichkeit der Buckelapotheker stützten als auf die Phantasie.

INY: Wir haben früh erkannt, dass die Geschichte, die reine historische Wirklichkeit, unendlich viel hergibt. Es fallen einem die Geschichten in den Schoß, wenn man die örtliche Geschichte studiert. Warum sollen wir uns Geschichten ausdenken, wenn uns die Historie viel spannenderen Stoff liefert?

Unternehmen Sie Ihre Rechercherreisen im Voraus? Oder dienen sie unmittelbar der Vorbereitung des Buches, das Sie in diesem Moment im Begriffe zu schreiben sind?

INY: Nein, die Reisen sind oft losgelöst vom aktuellen Anlass und dienen der Vorbereitung späterer Romane.

ELMAR: Aber »Die Wanderapothekerin« war die Ausnahme. Da trug der Verlag im April den Wunsch an uns heran, dass wir ein E-Book-Serial schreiben sollten. Als wir zusagten, kam der nächste Wunsch: »Wir brauchen das im Herbst.«

INY: Das heißt, wir hatten für dieselbe Aufgabe nur ein halbes Jahr lang Zeit, für die wir sonst mindestens zwei Jahre lang Zeit haben.

ELMAR: Das bedeutete, ich musste mit dem Schreiben anfangen, und noch während ich schrieb, mussten wir nach Thüringen aufbrechen und aufgrund der Recherche dann manches ändern. Bis Oktober sollte das Manuskript fertig sein. Das konnten wir zwar noch bis zum November hinauszögern, aber es war mörderisch.

INY: Hinzu kam, dass wir im Gegensatz zu unseren sonstigen Romanen den Gang der Handlung noch nicht durchdacht hatten. Wir hatten grundsätzlich zwar schon immer vor, eine Landstraßengeschichte zu schreiben. Aber wir hatten bis zwei Tage vor der großen Besprechung, an der vierzehn Leute vom Verlag teilnahmen, noch keinen blassen Schimmer, was wir schreiben würden. Wir hatten kein Thema.

❖ » **Wir haben an diesem Tag nicht mehr viel Schlaf gekriegt.** « (Iny) ❖

ELMAR: Und dann half uns der Zufall.

INY: Zwei Tage vor der Besprechung fällt mir der Katalog über Naturheilmittel aus dem Allgäu in die Hand. Ich suche den nach einem bestimmten Öl durch, und plötzlich schlage ich das Kapitel auf: »Geschichte der Buckel-Apotheker« – eine Seite bietet einen historischen Abriss, die andere Seite behandelt Inhaltsstoffe damaliger Mittel. Dann gehe ich zu meinem Mann und sage: »Ich habe die Idee für das Buch.« Wir haben an diesem Tag nicht mehr viel Schlaf gekriegt.

Sie entwickelten die Idee zu diesem Roman.

INY: Und trugen sie bei der Verlagsbesprechung vor, also nur mit einem spontanen mündlichen Exposé.

Wenn Sie mit dem Schreiben eines Romans anfangen, wissen Sie dann ganz genau, wie die Geschichte verlaufen wird?

ELMAR: Wir wissen den Anfang, einige Punkte dazwischen und das Ende.

Das haben Sie alles vorher gemeinsam besprochen?

ELMAR: Ja.

Machen Sie sich dabei Notizen?

ELMAR: Ja. Aber wir gehen nicht ins Detail. Das Ende ergibt sich ohnehin aus dem Fortgang der Handlung. Und wir kennen die Fixpunkte, vielleicht auch Wendepunkte der Handlung.

INY: Alles Weitere besprechen wir im Verlauf der Arbeit. Am Abend – diese Stunde brauchen wir – erzählt mein Mann mir, was er geschrieben hat und was er am nächsten Tag schreiben will und wo er Probleme sieht. Ich sage ihm, was ich davon halte, was ich zu bedenken gebe.

Wann sehen Sie die ersten Texte, die Ihr Mann verfasst hat?

INY: In dem Moment, wo er ein Kapitel abgeschlossen hat.

ELMAR: Ein Kapitel besteht aus sechs bis zwölf kleineren Handlungseinheiten. Was Iny zu lesen bekommt, soll in sich ein bisschen abgeschlossen sein.

Beschreiben Sie bitte einmal den Zustand, in dem Sie sich befinden, wenn Sie schreiben.

ELMAR: Relativ unansprechbar. Meine Frau erzählt mir etwas, und ich höre es nicht.

INY: Ich muss aufstampfen und eine Antwort verlangen. Ich sage dann: »Wenn ich von dir keine Antwort bekomme, weiß ich nicht, ob du mich verstanden hast.«

ELMAR: Einmal bekamen wir Besuch, aber ich hatte das nicht mitbekommen oder vergessen. Meine Frau fragte, ob ich nicht allmählich mal einkaufen gehen wolle. Und ich fragte: »Wieso?«

❖ **»Das Schreiben beginnt mit dem Zähneputzen.« (Elmar)** ❖

Wie sieht in den Schreibphasen Ihre tägliche Routine aus?

ELMAR: Das Thema, über dem ich gerade brüte, beschäftigt mich permanent. Das beginnt gleich nach dem Aufstehen. Wenn ich mir die Zähne putze, überlege ich schon, wie die Handlung heute weiter verlaufen wird. Unter der Dusche kommen mir meist gute Einfälle. Beim Frühstück schalte ich wieder ein bisschen ab, indem ich Zeitung lese.

Welche?

ELMAR: Wir haben die »Süddeutsche Zeitung« abonniert und den »Münchner Merkur« in Gestalt der »Ebersberger Zeitung«, die den Mantel des »Merkur« bezieht.

INY: Der Lokalteil ist sehr ausführlich. Wir wollen schon wissen, was auch rund um uns herum so passiert.

Wie geht es weiter im Tageslauf?

ELMAR: Dann bereiten wir uns vor. Jeder bekommt seinen Tee an den Schreibtisch, und als erste Hirnnahrung wird Obst bereitgestellt. Dann setzen wir uns und beginnen mit der Arbeit.

Wie spät ist es zu dieser Zeit?

ELMAR: Zwischen halb neun und neun.

Wie lange schreiben Sie dann?

ELMAR: Meist bis zwölf oder Viertel nach zwölf. Dann machen wir Mittagspause, kochen und essen. Das dauert eine bis anderthalb Stunden. Danach geht es wieder an die Maschine, bis wir gegen halb sechs, sechs zu Abend essen. Und dann geht es meist noch etwa eine Stunde an die Maschine.

Was meinen Sie mit der »Maschine«?

ELMAR: Die fest installierten Computer.

Was halten Sie von diesem Arbeitsmittel Computer? Sie sind ja technisch hoch gerüstet mit vier fest installierten Computern plus einigen Laptops. Aber Sie haben noch die Zeit der mechanischen Schreibmaschine mitgemacht.

INY: Oh ja, meine erste Schreibmaschine war eine Reiseschreibmaschine, also besonders klein, ungefähr drei Zentimeter hoch, würde ich schätzen. Die machte einen Höllenlärm. Später arbeiteten wir dann an einer elektrischen IBM-Kugelkopfmaschine.

Ich erinnere mich an die damaligen Zeiten in der F.A.Z.-Redaktion zu Beginn der achtziger Jahre, als wir dort auch noch keine Computer hatten. Man überlegte sich sehr genau, welchen Satz man in die Schreibmaschine hämmerte. Denn jeder hatte den Ehrgeiz, seinen Kollegen zum Redigieren ein möglichst »sauberes« Blatt vorzulegen. Wenn man oft Wörter durchge-ixt oder mit Tipp-Ex überstrichen hatte, war einem das unangenehm. Mit dem Computer ist man eher geneigt, einfach draufloszuschreiben, weil man ja so mühelos alles löschen kann. Sehen Sie im Schreiben am Computer die Gefahr mangelnder Sorgsamkeit? Oder die der rasch hingeschriebenen zweitbesten Formulierungen?

ELMAR: Das eigentlich weniger. Denn bei unserer Methode der dauernden Textüberprüfung und -verbesserung mag ich gewiss mal eine zweitbeste Formulierung hinschreiben. Aber die wird dann von Iny entlarvt und verbessert. Ich sehe allerdings eine andere Gefahr, nämlich, dass durch den Computer und das mühelose Schreiben daran die Texte immer länger werden. Das heißt, es ist nicht nur eine Gefahr, sondern Wirklichkeit.

Nämlich?

ELMAR: Am Computer werden die Texte immer länger.

Seitdem Computer eingesetzt werden, sind die Romane immer länger geworden, immer umfangreicher. Das ist nachweisbar. Bei Lübbe Audio wird ja längst die Klage laut, dass sie die Autoren historischer Romane aus dem eigenen Buchverlag kaum mehr als Hörbücher herausbringen können. Sie müssten für ein entsprechendes Hörbuch vierzig bis fünfzig Euro verlangen.

Wann merken Sie, dass es reicht mit dem Tagespensum?

ELMAR: Dann, wenn ich mein Tagespensum erreicht habe.

❖
»Mein Tagespensum sind zehn Seiten.« (Elmar)
❖

Das aus wie vielen Seiten besteht?

ELMAR: Meistens zehn Manuskriptseiten à dreißig Zeilen à sechzig Anschläge. Maximal sind es zehn Manuskriptseiten plus eine halbe Seite. Nur in dringenden Fällen komme ich auf zwölf Seiten. Aber zehn Seiten plus eine halbe Seite sind mein Maß. Das hat sich so eingependelt und ist für mich gesund.

Egal, ob Sie die zehneinhalb Seiten um sechs oder um acht oder schon um zwölf Uhr mittags erreicht haben, machen Sie nach zehn Seiten Schluss mit dem Schreiben?

ELMAR: Ja, zwischen dreizehn oder vierzehn und siebzehn Uhr beginne ich mit Recherchen fürs laufende Buch oder für spätere Projekte.

»Da bin ich mit Kopfschmerzen aufgewacht.« (Elmar)

Schaffen Sie täglich zehn Seiten?

ELMAR: Ja. Ein einziges Mal habe ich vor vielen Jahren bei einer dringenden Arbeit an einem Tag sechsundzwanzig Seiten geschrieben. Aber da bin ich am nächsten Tag mit Kopfschmerzen aufgewacht.

Gibt es nicht Tage, an denen Sie es nur auf drei oder auf fünf Seiten bringen?

ELMAR: Nein. Ich habe früher einmal versucht, mehr als zehn Seiten zu schreiben. Es gibt ja Kollegen, die stolz sind auf zwanzig Seiten am Tag. Aber von denen weiß ich auch, dass sie an anderen Tagen gar nichts schreiben. Ich mit meinen täglichen zehn Seiten schaffe im Monat dreihundert Seiten, wenn ich nicht unterbrochen werde.

Welchen Umfang haben Ihre Romane etwa?

ELMAR: Sechshundert Seiten. Aber da unser Schreiben von mancher Lesereise unterbrochen wird, von Recherchereisen, Verlagsbesprechungen oder solchen Gesprächen wie mit Ihnen, brauche ich im Schnitt doch drei Monate für einen Roman. Und dann kommt noch einmal die Überarbeitung hinzu. Haben wir wenige Termine, können wir einen Roman – also Schreiben plus Überarbeiten – in drei Monaten fertigstellen. Bei einem langen Roman, der mehr als sechshundert Seiten umfasst, können es auch vier Monate werden.

Eine Schreibblockade kennen Sie gar nicht?

ELMAR: Wenn ich Probleme habe, gehe ich zu meiner Frau und sage: »Du, Iny, ich habe hier eine Nuss, die geknackt werden muss. Ich müsste meine Leute von hier nach dort bringen. Aber ich kann sie nicht einfach umsetzen, es müsste irgendetwas passieren, wodurch sie von A nach B kommen.« Dann besprechen wir das. Iny stellt mir ein paar Fragen, die mich weiterbringen, und nach einer Viertelstunde sitze ich wieder vor der Maschine und mache weiter. Das ist ja unser großer Vorteil gegenüber Kollegen, die allein schreiben. Viele beneiden uns um dieses Teamwork. Man kann fragen, man bekommt Vorschläge und vor allem: Man wird auch aufgebaut, wenn es mal nicht so läuft. Wir machen uns gegenseitig Mut. Andere Autoren sitzen vielleicht manchmal vor ihrem Computer und wissen nicht weiter.

Recherchieren Sie auch während des Schreibens, wenn Sie einen Namen oder eine Jahreszahl suchen, mal schnell im Internet, oder verschieben Sie solche Kleinigkeiten auf später?

ELMAR: Nein, beim Schreiben gehe ich nicht ins Internet, ich schaue auch nicht in Büchern nach, sondern ich markiere im Text die fragliche Stelle.

Wie machen Sie das konkret?

ELMAR: Ich tippe drei Fragezeichen hinter das Wort und schaue die Sache später nach. Um mal ein Beispiel zu nennen: Als wir »Die Ketzerbraut« schrieben, brauchten wir die Münchener Straßennamen. Wir verfügten über das entsprechende historische Material, denn dieselbe Straße hatte im Laufe der Geschichte ja vielleicht drei unterschiedliche Namen. Wir brauchten aber natürlich immer den Namen, den die Straße zur Zeit der Handlung, also um 1520, getragen hatte. Und so etwas schlage ich nicht beim Schreiben nach, das mache ich später. Oder Iny übernimmt das bei der Überarbeitung.

❖ **»Ich bin Fanatikerin in Verständlichkeit.« (Iny)** ❖

INY: Das ist natürlich nur ein kleiner Teil meiner Arbeit. Ich versetze mich regelrecht in die Szenen, die Elmar im Text beschrieben hat. Ich frage mich: Was sehen die handelnden Personen? Ist es Nacht, brennen Fackeln, was hören die Akteure, was hört man außerhalb? Ich überprüfe die Einzelheiten auf ihre Stimmigkeit. Ich überprüfe die Handlung: Wenn die Protagonisten auf der Flucht sind oder bei einem Angriff, dann können sie nicht zweiundsiebzig Stunden hintereinander unterwegs sein. Ich frage also: Ist eine Rast eingebaut? Wo haben die Menschen die Nacht verbracht? Gab es etwas zu essen? Ich möchte, dass alles schlüssig ist. Ich bin Fanatikerin in Verständlichkeit.

❖ **»Ich überarbeite jedes Buch fünf Mal.« (Iny)** ❖

Ändern Sie auch Formulierungen?

INY: Aber natürlich. Es ist nur so: Mit der Änderung einer Formulierung ist es ja nicht getan, denn dann passt oft der Anschluss nicht mehr. Da muss ich drei, vier Sätze ändern, Stellungen umbasteln, damit der Lesefluss wieder stimmt. Das ist alles gar nicht so einfach, ich mache das pro Buch ja fünf Mal.

Fünf Mal?

INY: Ich überarbeite jedes Buchmanuskript fünf Mal.

Warum fünf Mal, warum nicht sechs oder nur vier Mal?

INY: Das hat sich so eingespielt. Bei den ersten beiden Überarbeitungen muss ich noch sehr viel wissen, da geschehen alle Veränderungen, Erweiterungen, Kürzungen noch am Computer. Beim dritten Mal drucke ich den Text aus – auf Papier liest sich jeder Text anders als auf dem Bildschirm, man entdeckt in der Papierform einfach mehr Fehler und auch strukturelle Mängel. Diese Papierform übergebe ich zuerst meinem Mann, der seine handschriftlichen Anmerkungen macht. Danach gehe ich mit meiner Handschrift drüber. Meine Handschrift ist sehr schwer zu lesen, aber sie ist von mir zumindest hinterher zu erraten.

ELMAR: Beim vierten Mal sind die Änderungen eingearbeitet. Aber auch in dieser Version gibt es immer noch ein leises Knirschen, weil auch die Änderungen im Gesamtgefüge noch harmonisiert werden müssen. Das bedeutet, dass die vierte Überarbeitung eigentlich die härteste nach der zweiten ist, weil es hier auf die Harmonie, die Geschlossenheit des Gesamttextes ankommt.

Die dritte war auf Papier, die vierte ist dann wieder im Computer?

ELMAR: Genau.

Die fünfte – auch wieder im Computer – dient dann nur noch der Fehlersuche?

INY: Ja. Wenn ich sie zum letzten Mal durchgeschaut habe, drucken wir sie aus und legen sie unserer Agenturlektorin Ingeborg vor.

Welche Überarbeitungsphase ist die anstrengendste? Die erste?

INY: Nein, die erste noch nicht. Die erste gilt vor allem dem Lesen. Ich mache auch da zwar schon viel, schreibe Anmerkungen zur Sprache, zur Struktur. Aber in der ersten Phase überwiegt noch die Neugierde, das reine Leseinteresse. Die mühevollste Phase ist die zweite. Sie gilt der ernsthaften Überarbeitung.

Wie kamen Sie überhaupt auf diese Form der Arbeitsteilung? Dass der eine schreibt und die andere überarbeitet, korrigiert, prüft?

ELMAR: Das war in der Phase, als ich die Heftromane schrieb und Iny ihren Roman verfasste, der jetzt Jahre später unter dem Titel »Die Seelendiebin« herauskam. Für mich waren die Heftromane immer nur eine Art Trittbrett, wir wollten beide weiterkommen. Im Grunde waren die vielen Experimente beim Schreiben der Heftromane schon Vorbereitungen für die richtigen Romane, die Bücher. Und dann, als wir unseren ersten Buchroman in Angriff nahmen, einigten wir uns darauf, dass ich vorschreibe und Iny nachbessert. Diese Methode hatte sich schon bei den Storys eingebürgert, die wir für die Anthologien schrieben.

Ah ja, das lag daran, dass der Herausgeber den Anfang des einen und den Schluss des anderen verriss, aber das Ende der einen und den Beginn des anderen gut fand, so dass Sie beschlossen, sich beim Schreiben zusammenzutun.

❖ **»Elmar ist das Lexikon auf zwei Beinen.« (Iny)** ❖

ELMAR: Richtig. Dass ich als Erster schrieb, lag auch daran, dass ich zum damaligen Zeitpunkt in der Historie etwas besser bewandert war als meine Frau.

INY: Das bist du auch heute noch. Du bist das Lexikon auf zwei Beinen.

ELMAR: Ich sage immer im Scherz: Ich habe mehr vergessen, als andere je wussten.

Was ist aus diesem Manuskript geworden?

ELMAR: Wir gaben es einem Agenten. Der bot es vielen Verlagen an, die es aber ablehnten. Die Botschaft lautete: Hätte der Roman eine weibliche Hauptfigur, wäre er gedruckt worden.

Noch einmal: Warum brauchen historische Romane weibliche Hauptfiguren?

ELMAR: Ich glaube, das liegt ganz einfach an den erfolgreichen Beispielen zur damaligen Zeit. »Die Päpstin« war ein Riesenerfolg. Dann wurde »Die Tochter des Salzsieders« von Ulrike Schweikert ebenfalls zu einem tollen Bestseller. Und Autoren, die über männliche Hauptpersonen schrieben, gab es schon genug. Damals suchte man Schriftsteller, die über Frauen schreiben konnten.

Bei Ihren heutigen Romanen verfolgt und begleitet die Lektorin den ganzen Schaffensprozess?

INY: Nein, sie hat nur den Anfang gesehen, sozusagen als Appetizer.

ELMAR: Das ist das absolute Rohmaterial, ohne Überarbeitung von mir, geschweige denn von Iny. Dann gibt Ingeborg einen Kommentar ab. Etwa, dass ihr die Charaktere grundsätzlich gefallen, dass aber die eine oder andere Figur vielleicht ein bisschen schärfer konturiert werden könnte. Und dann bekommt sie erst wieder unsere Endfassung, die in unseren Augen als abgeschlossen gilt, weil wir sie, wie gesagt, insgesamt sieben Mal überarbeitet und kontrolliert haben – die Rohschrift eingerechnet.

Können Sie in der siebten Phase der Überarbeitung den Text überhaupt noch sehen, oder kommt er Ihnen aus den Ohren heraus?

INY: Das nicht. Aber wir haben schon allmählich das Gefühl, nun reicht es. Außerdem kommt ja die Spannung hinzu: Was wird Ingeborg sagen? Was wird sie noch finden? Was kritisiert sie, was findet sie gut? Gott sei Dank sagt Ingeborg, was sie gut findet. Regine …

… die Verlagslektorin?

INY: Genau. Regine jubelt zwar immer, wenn sie ein Manuskript von uns bekommt, aber sie sagt wenig, wenn sie es gelesen hat.

ELMAR: Sie hat immerhin beim dritten Band der Auswanderer-Saga die Gretel gut gefunden.

❖ **»Autoren strengen sich an,** ❖
damit es die Leser leicht haben.« (Iny)

Wahrscheinlich machen sich Ihre Leser keine Vorstellung davon, wie viel Arbeit und Überarbeitung in einem solchen Manuskript steckt.

INY: Müssen sie auch nicht. Die Autoren strengen sich an, damit es die Leser leicht haben.

Wenn Ihre Agenturlektorin Ingeborg die vorläufige Endfassung erhalten hat, wie geht es dann weiter?

INY: Beim ausgedruckten Manuskript, das wir der Lektorin geben, lege ich vor jedes Großkapitel ein Deckblatt.

❖ **»Regine ist die Frau mit den** ❖
vielen Fragen.« (Iny)

ELMAR: Auf dieses Blatt schreibt Ingeborg dann zum Beispiel: »Seite 345 – den Hergang besser erklären«. Tippfehler entdeckt sie natürlich auch. Dann bearbeiten wir alle Änderungswünsche und Korrekturen der Lektorin noch einmal am Computer. Und dann geht das komplette fertige Manuskript über die Agentur an den Verlag.

INY: Und dann bekommt es die Verlagslektorin. Das ist die Frau mit den vielen Fragen.

ELMAR: Das ist Regine. Sie versetzt sich in die Leserinnen und Leser der heutigen Zeit, deren Beschäftigung mit Geschichte meist mit dem Schulabschluss beendet war. Sprich: ganz normale Leute, die arbeiten gehen und sich abends mit einem Buch entspannen wollen. Denn da darf man sich ja keiner Illusion hingeben: Eine ganz normale Leserin weiß heute nicht mehr unbedingt, dass »Eidam« ein altes Wort für Schwiegersohn ist. Als einmal bei einer Lesung eine Dame danach fragte, beschlossen wir, noch verständlicher zu werden. Im gesprochenen Text kommt also noch der Eidam vor, im beschreibenden heißt er dann aber gleich der Schwiegersohn.

❖ **»Stellen Sie sich doch bitte** ❖
die Leser vor!« (Iny)

Sie wollen unter allen Umständen verstanden werden.

INY: Ja, unbedingt! Stellen Sie sich doch bitte die Leser vor! Die haben einen schweren Arbeitstag hinter sich, die haben sich über den Chef geärgert, über Kollegen. Und jetzt wollen sie sich bei einem Buch entspannen und kein wissenschaftliches Werk lesen. Das ist auch, glaube ich, die Antwort auf die Frage, warum unsere historischen Romane von denen gelesen werden, die sonst selten oder nie zu Büchern greifen.

ELMAR: Eine Kollegin von uns hat einmal mit einer anderen Dame, die in einem Kleinverlag historische Romane veröffentlicht, einen Text besprochen. Sie hat berichtet, dass auf einer einzigen Seite zwanzig Fachausdrücke standen, zum Teil in alter Schreibweise, zum Teil überdies noch spezifisch regional. Man lief beim Lesen gleichsam immer vor andere Türschwellen.

INY: Wir schreiben in erster Linie zur Unterhaltung, nicht um Info-Dump über die Menschheit wabern zu lassen.

Auch wenn Sie »Info-Dump« ablehnen, wollen Sie sicherlich inhaltlich korrekt bleiben. Helfen Ihnen da die Lektorinnen in Agentur und Verlag?

ELMAR: Auf jeden Fall, beide kennen sich sehr gut aus. Zum Beispiel haben wir in »Dezembersturm« den Schnelldampfer *Deutschland* des Norddeutschen Lloyd in der Themsemündung versenkt.

INY: Wo er ja tatsächlich auch auf die Sandbank gelaufen und untergegangen ist. Aber unsere Verlagslektorin Regine sah »Norddeutscher Lloyd« und wusste: Das Schiff hätte doch in Southampton anlegen müssen. In Wirklichkeit hatte der Norddeutsche Lloyd damals aber keine eigene Anlegestelle in Southampton. Als die *Deutschland* unterging, 1875, war die Anlegestelle vielmehr noch in Bau.

ELMAR: Da muss ich ihr das schon auseinandersetzen und auch Material zum Beweis liefern.

So gründlich wird da gearbeitet. Wissen die Leser das eigentlich?

INY: Nein.

ELMAR: Nein, das müssen sie auch nicht. Die Leute sollen die Romane lesen, sollen ihre Freude daran haben. Wenn sie nebenher ein bisschen lernen, ist das schön, aber kein Muss.

Die historischen Personen, die bei Ihnen vorkommen, etwa Papst Coelestin oder Kaiser Sigismund oder Martin Luther, die hat es ja tatsächlich gegeben.

INY: Nur die Hauptpersonen, die die Handlung tragen und prägen, sind erfunden. Den fiktiven Haupt- und Nebenpersonen ordnen wir in der Handlung historische Gestalten zu. Die historischen Figuren dürfen auch in unseren Romanen nicht anders handeln, als bekannt ist. Aber hier haben wir Interpretationsspielraum.

ELMAR: Es gibt natürlich auch Auseinandersetzungen mit unseren Lektorinnen über solche Interpretationen, die wir freilich nicht aus der Luft greifen.

❖ **»Elisabeth Christine von Braunschweig-Wolfenbüttel gilt beinahe als Heilige.«** (Elmar) ❖

Können Sie ein Beispiel nennen?

ELMAR: Die Mutter Maria Theresias, Elisabeth Christine von Braunschweig-Wolfenbüttel, gilt nach gängigem Urteil beinahe als Heilige, was auch buchstäblich an der Hofberichterstattung liegt. Dieses Bild hatte auch unsere Agenturlektorin Ingeborg verinnerlicht. Wir schilderten Maria Theresias Mutter im Buch aber als eine Frau, die zu Ausbrüchen neigte. Das war durch Fakten belegbar.

INY: Diese Elisabeth Christine von Braunschweig-Wolfenbüttel wurde ja mit Alkoholika traktiert, weil man hoffte, dass diese speziellen Liköre ihr helfen würden, einen Stammhalter zu gebären. Und da mussten wir schon im Dialog mit unserer Lektorin dafür kämpfen, dass unsere Sicht der Dinge auch im Manuskript bleiben darf.

Wenn in einem Ihrer Romane steht, Augsburg sei zu einem bestimmten Zeitpunkt größer und wichtiger gewesen als München, dann stimmt das auch?

ELMAR: Ja, das war so.

INY: Hat uns einen Riesenspaß gemacht, das zu entdecken.

ELMAR: Augsburg war eine wohlhabende Reichsstadt, eine offene Handelsstadt. München war die Residenz eines bayerischen Teilherzogtums. Die anderen Residenzen waren Landshut, Straubing und Neuburg. München wurde nur durch einen Zufall Hauptstadt Bayerns, weil die anderen Linien im Mannesstamm ausgestorben waren und die Erbregelung vorsah, dass die im Mannesstamm überlebende Linie erbte. Wären die Münchener ausgestorben und wäre die männliche Linie der Landshuter am Leben geblieben, hieße die bayerische Landeshauptstadt heute Landshut. Dann hätte München heute vielleicht sechzigtausend Einwohner.

In einem anderen Ihrer Romane beschreiben Sie, dass wohlhabende Bürger dem Kronprinzen, dem späteren Kaiser Wilhelm II., ein teures Dampfschiff schenken. Ist das gut erfunden oder historisch belegt?

ELMAR: Richtig ist, dass man ihm in der Tat teure Geschenke machte. Wir haben dieses spezielle Geschenk daraus abgeleitet. Das heißt nicht, dass er es bekommen hat, aber etwas Ähnliches hätte er geschenkt bekommen können. Sein Interesse für Schiffe ist bekannt. Er war ja auch Admiral der englischen Marine. Damals hat man sich zum Geburtstag solche Titel geschenkt. Und er war sehr stolz darauf.

In der »Kastellanin« schildern Sie einen Kriegszug des Kaisers Sigismund. Gab es den wirklich?

ELMAR: Es gab mehrere Kriegszüge von ihm. Und wir haben zwei seiner Kriegszüge zusammengefasst. In einem wäre er fast ums Leben gekommen, weil sie damals so dumm waren, mit ausgestreckter Lanze hügelan auf eine Wagenburg der Hussiten zuzureiten, die mit ledernen Feldschlangen ausgerüstet war.

Die Hussiten werden von Ihnen als besonders brutal geschildert. Gilt dies für alle Hussiten?

ELMAR: Die Hussiten zerfielen in zwei Gruppen: in die etwas Gemäßigteren, die sich mit dem Kaiser wiedervereinigten, und in die Fanatiker, die selbst ihren eigenen Landsleuten zu radikal wurden, so dass man sie gemeinsam mit dem eigentlichen Feind besiegte.

Wenn Sie Waffen schildern aus dieser Zeit – ich habe entsprechende Bücher bei Ihnen gesehen –, fragen Sie, wenn die Bücher nicht ausreichen, auch manchmal noch Fachleute?

ELMAR: Nein, wir haben sehr gute und sehr viele Bücher hier im Haus.

❖ **»Das Internet ist nicht verlässlich genug.« (Elmar)** ❖

Sie sagten bereits an anderer Stelle, dass Sie im Internet relativ wenig recherchieren.

ELMAR: Wahrscheinlich weniger als zehn Prozent. Das Internet ist nicht verlässlich genug, schon gar nicht Wikipedia.

Bei aller Recherche, bei allen Kontrollen – ist es in Ihren Büchern schon zu Fehlern gekommen?

INY: Bisher nur zu vermeintlichen. Es wurde uns beispielsweise angekreidet, dass in der »Wanderhure« ein Papst Johannes XXIII. auftauchte. Diese Kritiker hätten nur das Nachwort zu lesen brauchen.

ELMAR: Johannes XXIII. wurde beim Konzil in Konstanz als des Papsttums für unwürdig erkannt und als Papst abgesetzt, zum Nebenpapst erklärt und von der offiziellen Liste gestrichen. Er brachte den Namen Johannes so in Verruf, dass erst im zwanzigsten Jahrhundert sich wieder ein Papst bereitfand, diesen Namen anzunehmen – aber eben nicht als Johannes XXIV., sondern als Johannes XXIII.

INY: Auch bei der »Pilgerin« wurde Kritik an einem historischen Detail geübt. Da wurde uns vorgeworfen, dass das Ulmer Münster dreißig Jahre später gebaut wurde, als wir es in die Handlung eingebaut hatten. Tatsächlich trafen sich die Pilger an einem Ulmer Münster, nämlich dem Wengen-Münster, also dem Münster des Klosters Wengen vor den Toren Ulms.

❖ **»Fehler würden Ingeborg und
Regine bemerken.« (Elmar)** ❖

Aber ein echter Fehler ist Ihnen noch nicht durchgegangen?

ELMAR: Den hätten Ingeborg und Regine bemerkt. Aber natürlich gibt es auch historische Zweifelsfälle. Da lesen Sie drei Bücher, und jedes von ihnen stellt die Sache anders dar. Wir entscheiden uns dann für die Variante, die uns am plausibelsten erscheint.

Stützen Sie sich bei der Recherche immer auf Sekundärliteratur, oder gehen Sie manchmal auch an die Quellen?

INY: Fast immer auf Sekundärliteratur. Nur für »Die Rebellinnen von Mallorca« haben wir im Instituto Cervantes in München geforscht. Der Bibliothekar dort sprach Kastilisch, die Texte aber waren alle in Katalanisch gehalten. Elmar hat mehr als hundert Seiten kopiert und ist sie mit unserer Agentin Lianne Kolf, die auf Mallorca eine Finca besitzt, durchgegangen.

Sie sagten, Sie blicken beim Schreiben nicht schnell ins Internet, um ein Detail zu verifizieren. Warum eigentlich nicht?

ELMAR: Die Computer, an denen wir schreiben, haben gar keinen Internetzugang.

❖   **»Das Netz ist ein Zeitfresser.« (Elmar)**   ❖

Warum nicht? Man kann einen Namen, eine Jahreszahl doch während des Schreibprozesses ganz schnell nachschauen und muss es nicht hinterher tun.

ELMAR: Man kann sich auch im Internet verlieren und ablenken lassen. Sie recherchieren dann nicht nur, sondern schauen auch mal schnell in Ihre Mails oder gehen auf Facebook oder in Leseforen. Ich habe mir folgende Regel angewöhnt: Ich muss mindestens sechzig Prozent meines Schreibpensums geschafft haben, ehe ich zum ersten Mal ins Internet gehe. Das Netz ist ein großer Zeitfresser. Ich kenne manchen Autor, der sich viel in Internetforen tummelt. Hätte er das unterlassen, hätte er vielleicht einen Roman mehr geschafft.

In Ihrem Roman »Die Ketzerbraut« kommt Martin Luther nicht nur vor, Sie zitieren ihn auch. Wörtlich oder dem Sinne nach?

ELMAR: Wörtlich ginge schon insofern nicht, als man seine Sprache heute nicht mehr oder kaum noch verstehen würde. Nein, wir versuchen ihn aus seiner Zeit heraus zu verstehen und lassen ihn so sprechen, wie er es getan haben könnte.

In Bibliotheken, von denen es in München ja viele gibt, recherchieren Sie gar nicht?

ELMAR: Das haben wir früher getan. Aber sich in eine Bibliothek zu setzen und zu lesen bringt wenig. Ich brauche die Sachen hier am Ort des Schreibens, zum Nachschlagen.

INY: Neben Büchern sind Kataloge aus Museen unsere Quellen, und natürlich auch Dokumentationen auf DVD. Mein Mann hat sich viele, viele Stunden Filme über den Amerikanischen Bürgerkrieg angeschaut.

ELMAR: Aber am hilfreichsten zu diesem Thema war ein Faksimile-Druck aus dem Jahr 1910: »Die Deutschen im Amerikanischen Bürgerkrieg«. Das war ein wunderbarer Fund, den ich ausgezeichnet verwenden konnte.

Das Buch, das zeitlich und inhaltlich am dichtesten bei der Gegenwart ist, trägt den Titel »Dezembersturm«, das heißt, es ist eigentlich eine Trilogie mit den weiteren Titeln »Aprilgewitter« und »Juliregen«. Jedenfalls spielt es in den

*1870er Jahren in Ostpreußen. An ein Thema wie die NS-
Zeit würden Sie sich nicht trauen?*

ELMAR: Sagen wir es mal so: Ich würd's nach entsprechender Recherche tun.

INY: Es würde bei mir aber alles wieder aufwühlen, was mir meine Großmutter erzählt hat. Meine Familienangehörigen waren Sozis. Der Bruder meiner Großmutter ist auf der Straße von den Nazis mit einem Ziegelstein erschlagen worden. Diese Erbschaft meiner Familie trage ich in mir. Aber vielleicht würde ich bei einem solchen Projekt mitmachen, wenn du es unbedingt wolltest.

ELMAR: Es ist nicht so, dass ich es unbedingt wollte. Wir würden es machen, wenn der Verlag es unbedingt wünschte oder wenn er mehr Interesse an diesem Stoff zeigte als an einem anderen, den wir vorschlügen.

INY: Ich weiß nicht, ob ich die ganze Bitternis, mit der in meiner Familie dieses Thema belegt wurde, im Zaum halten könnte.

*Nur nebenbei gefragt: Wenn Sie die Sozis erwähnen – sind
Sie kirchenfern aufgewachsen?*

INY: Ja.

ELMAR: Ich habe zwar die Bibel gelesen, vor allem das Alte Testament. Ich hatte in Religion auch immer eine Eins. Aber ich gehöre heute keiner Kirche an.

INY: Ich auch nicht. Ich bin bei Freidenkern aufgewachsen und habe mit der Kirche nicht viel Positives erlebt.

Zurück zum Schreiben mit einer handwerklichen Frage: Kommt es vor, dass Sie lebende Personen aus Ihrem Umfeld zum Vorbild für Romanfiguren nehmen?

INY: Nein, nicht in dem Sinne, dass wir sie maßstabsgetreu übertragen. Aber wir lassen uns gelegentlich von Namen inspirieren.

Zum Beispiel?

INY: Jemand, der uns einmal sehr geärgert und gekränkt hat, benutzt den Buchstaben R in seinem Namenszug als Initial. Und daraus haben wir unseren Antihelden in der »Wanderhure« gemacht, den Erzschurken und Superfiesling Ruppertus. Das bereitet uns dann doch ein gewisses Vergnügen.

ELMAR: Ja, und in der harmlosen Variante haben wir unseren lieben Freund Johannes Hufnagel, der auch unsere Homepage pflegt, schon des Öfteren als »Hannes« eingebaut, und zwar meist als Stallknecht oder Reitknecht. Aber sowohl bei Johannes als auch bei Ruppertus weicht die Beschreibung der Person völlig von der Wirklichkeit ab.

❖ **»Ich fand ›Buddenbrooks‹ herzlich langweilig.« (Iny)** ❖

Was etwa bei Thomas Mann ganz anders war, der lebende Figuren oft zum sehr erkennbaren Vorbild seiner literari-

schen Gestalten nahm. Haben Sie eine Beziehung zu Thomas Mann?

INY: Ganz ehrlich, ich fand die »Buddenbrooks« herzlich langweilig. Lesen Sie Courths-Mahler und lesen Sie »Buddenbrooks«. Der Unterschied ist nur, dass das eine liebevoll schmalzig und das andere mit spitzer Feder und ein bisschen bösartig geschrieben ist. Ich habe einige Courths-Mahler-Bücher gelesen. Wenn Sie das Abendgymnasium besuchen und dauernd pauken, haben Sie kein Herz mehr für die hohe Literatur, da sind Sie sogar schon mit Fantasy und Science-Fiction leicht überlastet, weil beide Genres höhere Aufmerksamkeit erfordern.

Sie selbst als Autoren, die dezidiert für ihr Publikum verständlich bleiben wollen, verwenden Verstärkungswörter. Sie schreiben beispielsweise »atmete sie erleichtert auf«. Wobei das Wort »erleichtert« ja überflüssig ist, weil Aufatmen immer mit Erleichterung verbunden ist. Ist das eine bewusst verwendete Formulierung, oder fließt Ihnen das einfach aus der Feder?

INY: Nein, das machen wir sicherlich ganz automatisch.

Ist das der Drang, dem flüchtigen Leser den Vorgang noch verständlicher zu machen?

INY: Nein, das machen wir intuitiv. Sie dürfen auch nicht vergessen: Wir sind geprägt von der Lektüre der Bücher aus einer ganz anderen Zeit. Nämlich von Büchern des neunzehnten Jahrhunderts.

ELMAR: Neunzehntes Jahrhundert, Anfang zwanzigstes Jahrhundert.

Sie wissen auch, was in den Köpfen und den Herzen Ihrer Figuren vor sich geht, Sie können als Autoren sozusagen Gedanken lesen.

ELMAR: Ja.

INY: Dazu stehen wir auch.

Womit Sie ja in guter Gesellschaft sind. Nur: Ist das beim Schreiben ein bewusster Akt, oder machen Sie es, ohne groß darüber nachzudenken?

INY: Es ist ein bewusster Schritt geworden, weil oder obwohl wir höllisch dafür kritisiert wurden.

Wer hat Sie kritisiert?

INY: Kollegen, die glauben, viel bessere Autoren als wir zu sein. Durch diese Kritik ist uns vieles über unseren Stil, unsere Art des Schreibens überhaupt erst bewusst geworden.

Wie haben Sie diese Kritik erlebt – Auge in Auge?

INY: Nein, in den Foren im Internet. Wir sind als Schreiber ja mit dem Internet sozialisiert worden, mit den Parsimony-Foren damals. Das waren, anders als heute, Foren, die sich wie Baumstrukturen verzweigten. Ich ging in der Firma ins Internet, das war zwar verboten, aber ich tat es einfach, wie die meisten Kollegen auch.

ELMAR: In diesen Internetforen, in denen Leser sich miteinander und mit Autoren austauschen, wurden wir oft kritisiert.

INY: Sehr oft.

ELMAR: Wir wurden als das Beispiel dargestellt, wie man nicht schreibt. Das hängt uns immer noch ein bisschen nach, dass wir angeblich nicht schreiben können.

Wo hängt Ihnen das nach? Wer sagt das? In den Feuilletons kommen Bücher Ihrer Gattung doch gar nicht vor.

INY: Noch heute gelten wir in den Foren häufig als das negative Beispiel: Wie schrecklich formuliert, wie langweilig, so kann man es auf keinen Fall machen. In den Foren wird den Leuten gesagt, sie sollen nicht Iny Lorentz lesen, sondern lieber etwas Anständiges.

Wie heißen solche Foren?

INY: Zum Beispiel www.buechereule.de oder www.histo-couch.de. Schauen Sie sich an, was noch heute über uns in Wikipedia steht. Eine Journalistin hat uns irgendwo als das negative Beispiel für das Verfassen historischer Romane dargestellt, weil sie wohl Anstoß an der erotischen Freizügigkeit mancher unserer weiblichen Figuren nahm. Anscheinend glaubte sie, dass die Frauen im Mittelalter mit Keuschheitsgürteln versehen in ihren Kemenaten eingesperrt wurden. Dabei waren die Frauen im Mittelalter viel freier als in der frühen Neuzeit oder sogar im achtzehnten und neunzehnten Jahrhundert. Das ach so finstere Mittelalter ist eine Erfindung der späteren Zeit, die, obwohl selbst konfliktbeladen und blutig, sich von den vergangenen Epochen positiv abheben wollte.

❖ **»Journalisten mag ich.** ❖
Am liebsten gesotten und frittiert.« (Iny)

ELMAR: Am schlimmsten für die Frauen war es eigentlich im neunzehnten Jahrhundert.

Was für ein Verhältnis haben Sie zu Journalisten?

INY: Ich mag sie. Am liebsten gesotten und frittiert.

ELMAR: In den letzten Jahren ist es besser geworden, finde ich.

In der Frankfurter Allgemeinen Sonntagszeitung stand ein geradezu liebevolles Porträt über Sie. Ärgert Kritik Sie grundsätzlich?

INY: Nein, berechtigte Kritik ist immer willkommen.

Wann ist Kritik berechtigt?

INY: Wenn sie begründet ist. Wenn sie Argumente bringt.

ELMAR: Oder wenn Menschen emotionale Abneigungen haben. Wenn also jemand schreibt: »Meine Tante hat mir einen Iny-Lorentz-Roman geschenkt, obwohl ich doch keine historischen Romane mag«, dann ist das eine Aussage, die ich voll und ganz akzeptiere.

Der Sänger Heino hat gesagt, wenn er mal wieder kriti-
siert wurde, hat er seine Bank angerufen und sich nach
dem Kontostand erkundigt. Danach war die Welt für ihn
wieder im Lot.

❖ **»Es ärgert mich, wenn Menschen** ❖
sich über andere erheben.« (Elmar)

INY: Nein, das geht nicht, das ist keine echte Hilfe.

ELMAR: Heino ist aber kein schlechtes Beispiel. Er wurde viele Jahre lang durch den Kakao gezogen, aber was
hat er Schlimmes getan? Er hat Millionen von Menschen
unterhalten, hat ihnen Freude geschenkt. Wir versuchen
das Gleiche. Es ärgert mich – jetzt gar nicht in Bezug auf
uns, sondern allgemein –, wenn Menschen sich über andere erheben. Das war bei Heino so, bei Roy Black oder
bei Rex Gildo. Agatha Christie ist von einem Verband
englischer Kriminalschriftsteller wegen eines ihrer Romane fürchterlich kritisiert worden. Er entsprach nicht den
Vorstellungen oder Normen dieser Herrschaften. Das
Problem ist nur, dass Agatha Christie zehnmal erfolgrei-
cher war als all diese Autoren zusammen. Es ist immer so:
Eine kleine, lautstarke Gruppe fordert die Wortführer-
schaft und erklärt, dass die Massenangebote schlecht seien
und nur ihre Qualitätsmaßstäbe gälten. Und was war mit
Simmel?

INY: Der konnte nun wirklich schreiben. Ich vermute
aber, Simmel wollte etwas, was wir gar nicht anstreben: Er
wollte von den Intellektuellen akzeptiert werden. Ich
komme aus der spießbürgerlichen Mittelschicht – Hand-

werker und kleine städtische Beamte –, ich habe dieses Problem nicht. Mein Mann auch nicht, er stammt aus bäuerlichen Verhältnissen.

❖   **»Wir schreiben für Lieschen Müller.« (Iny)**   ❖

ELMAR: Meine Ahnen waren Kleinbauern, Schmiede, Korbflechter. Lauter Leute, die kein leichtes Leben hatten. Ich kenne quasi keine andere Gesellschaftsschicht und habe kein Interesse, anderen Sphären anzugehören.

INY: Ich sehe es so: Wir schreiben für Lieschen Müller und Otto Normalverbraucher, für Leute, die es schwer im Leben haben, die Freude brauchen.

ELMAR: Auch für Leute, die einfach ein bisschen Spaß haben wollen. Die sich im Urlaub gemütlich an den Strand legen, ein Buch zur Hand nehmen, sich die Sonne auf den Bauch scheinen lassen und sich sagen: »So, jetzt will ich mich entspannen.«

INY: Als wir die ersten fürchterlichen Rezensionen bei www.amazon.de lasen, waren wir entsetzt.

Das sind Rezensionen von Laien, die ein Buch von Ihnen gelesen haben?

INY: So ist es gedacht, und so ist es wohl meist auch. Aber nicht immer. Durch einen Fehler bei Amazon in Kanada ist ja einmal herausgekommen, wer die Kritiker waren, nämlich nicht die Leser, sondern Schriftsteller-Kollegen.

ELMAR: Daran sind damals viele Freundschaften unter Autoren zerbrochen.

> ❖ **»Bei den ersten Verrissen war ich** ❖
> **ein bisschen schockiert.« (Elmar)**

INY: Durch einen Fehler wurden nicht die Nicknames veröffentlicht, sondern die E-Mail-Adressen, und da wurde dann entdeckt, dass der Kollege, der gestern noch gesagt hatte: »Da hast du wieder einmal ein wunderbares Buch geschrieben«, heute den Totalverriss schrieb. Und auch wir wissen mittlerweile, dass manche vernichtende Kritik unserer Bücher bei Amazon eben nicht von Lesern stammte, sondern von Kollegen.

ELMAR: Als die ersten Verrisse kamen, war ich doch ein bisschen schockiert. Dann habe ich mir fünf Autoren verschiedener Genres ausgesucht, und zwar große Namen wie Ken Follett, Noah Gordon, Dan Brown, Rebecca Gablé und Andrea Maria Schenkel. Ich habe mir die schlechten Rezensionen angeschaut, die mit nur einem Stern. Und dann bin ich aufgestanden, zu Iny ins Arbeitszimmer gegangen und habe gesagt: »Du, Iny, wir befinden uns in bester Gesellschaft.« Und seitdem trösten wir Autorinnen und Autoren, die noch am Anfang ihrer Laufbahn stehen und die heute meist auf Facebook verrissen werden: Sei doch froh, du bist immerhin bemerkt worden.

INY: Das stimmt. Lieber verrissen als gar nicht wahrgenommen.

Suchen Sie eigentlich nach Kritik?

INY: Indirekt vielleicht schon, denn wir haben Google Alerts aktiviert.

Das heißt, immer wenn im Netz irgendwo Iny Lorentz auftaucht, bekommen Sie eine Nachricht?

INY: So sollte es sein, aber es klappt nicht immer. Allerdings haben wir diesen Google Alert vor allem deshalb aktiviert, um nicht eine irgendwo angekündigte Lesung von uns zu verpassen. Da gibt es manchmal Missverständnisse.

ELMAR: Aber insgesamt kann man schon sagen, dass die ganz bösen Kritiken weniger geworden sind.

INY: Na ja, immer wenn eines unserer Bücher auf der »Stern«-Bestsellerliste auftaucht, steht ein hämischer Kommentar darunter.

ELMAR: Allerdings schreibt der »Stern« zu achtzig Prozent Unnettes.

INY: Das stimmt, auch da sind wir in guter Gesellschaft. Vor einer Weile hat uns der Herr Martenstein in der »Zeit« gemeinsam mit Bernhard Schlink und einem weiteren Autor oder einer Autorin verrissen.

Martenstein kann ja witzig schreiben. Tat er das in diesem Fall auch?

INY: Also, wir konnten drüber lachen. Und unsere Agentin Lianne hat den Ausspruch eines verstorbenen

Verlegers an seinen Autor zitiert: »Wenn du einmal in der ›Zeit‹ rezensiert wirst, wird es Zeit, dass wir uns trennen.«

Wenn Sie schreiben, arbeiten Sie am selben Tag jeweils nur an diesem einen Stoff?

ELMAR: Nein, ich mache unterschiedliche Sachen, manchmal sind es drei bis vier ganz unterschiedliche Projekte. In der Frühe setze ich mich hin und schreibe meine zehn Manuskriptseiten für den Roman, an dem wir gerade arbeiten. Danach mache ich ein bisschen Pause, dann erstelle ich vielleicht Notizen für den nächsten Roman oder den übernächsten, blicke in Bücher. Anschließend muss ich ja auch noch den Text lesen, den Iny überarbeitet hat, und Mails beantworten sollte ich schließlich auch.

An wie vielen Stoffen arbeiten Sie derzeit gedanklich?

ELMAR: Also, ich schreibe momentan an einem Roman, für den wir keinen Vertrag haben. Denn wir haben unsere Taschenbuchverträge ja bereits bis 2017 erfüllt. Alle fälligen Manuskripte sind abgeliefert. Aber dennoch dürften es insgesamt vier Stoffe sein.

Sie sind nicht nur im Plan, Sie sind im Übersoll?

ELMAR: Ja. Deswegen können wir jetzt ein bisschen experimentieren.

Verraten Sie das Thema?

INY: Es ist ein historischer Roman mit einer männlichen Hauptperson, ausnahmsweise einer männlichen. Es ist ein Stoff, über den wir bereits 1999 einen Roman geschrieben hatten. Mit dem sind wir aber von einem Agenten rausgeschmissen worden. Diesen Roman schreiben wir jetzt fünfzehn Jahre später mit unseren ganzen Erfahrungen um. Ist übrigens mehr Arbeit, als wir dachten.

ELMAR: Im ganzen neuen Roman kommen vielleicht dreißig Prozent der Urfassung vor. Die anderen siebzig Prozent sind neu geschrieben.

Es ist doch wahrscheinlich sowieso leichter, einen Stoff neu zu schreiben, als ein bestehendes Manuskript umzuarbeiten.

INY: Nein, das muss so nicht richtig sein. Man kann schon leichter und vor allem schneller einen guten Text aus einer schlechten Vorlage machen, als nun gleich alles neu zu verfassen.

Also an diesem neuen alten Projekt schreiben Sie derzeit.

ELMAR: Und meine Frau überarbeitet gleichzeitig in der ersten Fassung den Roman, den ich zuvor beendet habe.

Was ist das für ein Stoff?

INY: Berlin, neunzehntes Jahrhundert. Eine Woche zuvor hatte ich einen weiteren Roman in der fünften Fassung beendet, Thema waren die Staufer.

ELMAR: Was nach dem freien Roman kommt, an dem ich derzeit schreibe, ist wieder ein vertraglich vereinbartes Vorhaben, nämlich die Fortsetzung der »Wanderapothekerin«. Daraus möchte der Verlag ein weiteres E-Book-Serial machen.

Das wird dann aus wie vielen Teilen bestehen?

ELMAR: Sechs zu je neunzig Seiten. Zum Schluss erscheinen die Teile als Taschenbuch in Gänze.

Das wird, wie ich Sie inzwischen kenne, aber noch nicht das derzeit letzte geplante Romanprojekt sein?

ELMAR: Sie haben recht, danach nehmen wir in Angriff, was wir als Arbeitstitel »Polen-Roman« nennen. Dafür unternehmen wir im Juli 2015 eine Recherchereise nach Polen.

INY: Die Dame, Urszula Pawlik, die uns dort begleitete, war diejenige, die für uns in Polen den Weg bereitet hat – zwölf unserer Bücher wurden bislang ins Polnische übersetzt.

Das ist ja insgesamt eine Menge Arbeit, an der Sie jetzt schon sitzen und die geplant sein will, inklusive Reisevorbereitungen, Schreiben, Recherche. Wobei wir jetzt noch gar nicht die Kontakte zu Verlag, Agentur und die Lesereisen berücksichtigt haben. Wer von Ihnen ist denn für die Logistik all dieser Vorhaben zuständig?

INY: Das ist weitgehend eine Sache des Bauches. Das klappt schon irgendwie. Mein Mann hat seine Vorstellung vom Schreiben und wie er weiter vorgehen möchte – daran rühre ich überhaupt nicht, denn da er unser Rohstofflieferant ist, muss es zuallererst nach seinen Bedürfnissen und seinem Zeitplan gehen. Wir zwingen einander zu nichts.

Wie oft loben Sie eigentlich einander?

INY: Wir loben uns für ein deutsches Ehepaar relativ oft. Ich sage, wenn ich etwas gern gelesen habe, das er geschrieben hat.

❖ **»Mit Tadel käme man nicht weiter.« (Iny)** ❖

ELMAR: Ich sage auch, das hast du wunderbar gemacht, wenn sie den Text verbessert hat. Oder wenn sie Vorschläge für den Gang der Handlung macht.

INY: Wenn man nur tadeln würde, käme man nicht weiter. Nicht auf einem solch sensiblen Gebiet wie dem Schreiben. Schreiben ist etwas sehr Emotionales. Die Autoren fühlen sich verbunden mit der Geschichte, mit den Figuren. Wir leben regelrecht mit den Gestalten, die wir ja selbst erfinden. Und einige von ihnen, wie Marie, begleiten uns nun schon seit Jahren.

Sie sagten gerade, Ihre Frau mache Vorschläge für die Handlung. Ich dachte, die stehe von Anfang an fest.

ELMAR: Wenn ich mich für einen Roman zum ersten Mal an die Maschine setze, kenne ich den Anfang und das Ende der Handlung. Und dann noch die großen Wendepunkte. Aber das schließt ja nicht aus, dass es auf der langen Strecke bis zum Schluss Abzweigungen gibt. Und da sind Inys Ideen meist sehr konstruktiv. Es ist ja so, wenn ich schreibe, habe ich für diesen Roman einen Tunnelblick. Iny dagegen liest den Text vollkommen frei. Also, das ist schon eine tolle Form der Zusammenarbeit, die wir da gefunden haben.

Haben Sie je daran gedacht, einen Schreibsklaven zu beschäftigen?

ELMAR: Nein.

INY: Wir haben nur daran gedacht, dass wir es nicht tun wollen. Niemals.

ELMAR: Meine Gedanken sind meine Gedanken. Und ich forme sie aus, ich lebe in diesem Roman. Wenn wir jemanden mit einem Kurzexposé der Handlung ausstatten würden und ihm dann alles Weitere überließen, wäre es nicht mehr unser Roman. Dann könnten wir es auch bleiben lassen.

INY: Wir hatten da ein Schlüsselerlebnis.

ELMAR: Wir machten Urlaub an der Nordsee. Das Wetter war schlecht, so dass wir noch mehr lasen als sonst. Im örtlichen Insel-Kaufhaus kauften wir viele Bücher, darunter etliche von Barbara Cartland.

Der Stief-Großmutter von Prinzessin Diana? Eine alte Dame, die immer in Rosa gekleidet war und aberwitzig viele Bücher veröffentlicht hat?

ELMAR: Richtig. Bei ihren Romanen stellten wir einen ungeheuren Qualitätsunterschied fest. Die einen waren gut, die anderen nicht. Später kam heraus, dass sie etliche Ghostwriterinnen beschäftigt hatte, denen sie nur die Rohideen lieferte und ihnen die Ausgestaltung, also auch die Formulierung überließ. Ich muss schon sagen: Wenn wir einen Roman in den Sand setzen, möchten wir schon selbst daran schuld sein.

Wie viel Zeit bleibt Ihnen für Urlaub und Recherchereisen?

ELMAR: Unterschiedlich. Für die großen Reisen wie nach Süditalien oder Polen planen wir drei Wochen ein. Manchmal bleibt es bei diesen drei Wochen im Jahr, manchmal ist es mehr.

Würden Sie diese Zeit überhaupt als Urlaub bezeichnen?

ELMAR: Nicht wirklich. Man muss ja hellwach sein, Fotos machen, zwischendurch Notizen im Wohnwagen niederschreiben. Und sich alles merken: diese Burg, die von Friedrichs Großvater Roger gebaut wurde, und jene, die von den Anjous stammte, die die Staufer vertrieben. Und man muss sich beim Durchfahren der Natur fragen: Wo finden wir die Landschaft, die schon vor achthundert Jahren so ausgesehen haben könnte, wie sie heute aussieht?

Wie viel richtigen Urlaub machen Sie im Jahr?

INY: Lange Zeit haben wir gar keinen gemacht. Aber dann haben wir Kreuzfahrten als Urlaubsform für uns entdeckt. Zumeist fließen uns aber auch dort so viele Informationen und Ideen zu, dass es Arbeitsurlaube werden. Das dürfte auch so bleiben. Wir wollen bald einmal zu einer Kreuzfahrt in die Südsee aufbrechen, weil das ein alter Traum meines Mannes ist. So weit die Idee. Aber dann legte uns unsere Agentin Lianne Kolf einen Agenturvertrag hin: »Über die Südsee wird ein Buch geschrieben, wie auch immer!«

Was regte diesen Traum an?

ELMAR: Bücher, die ich las. Von Herman Melville und anderen.

Hoffentlich werden Sie nicht enttäuscht, wenn Sie mit der Südsee-Wirklichkeit konfrontiert werden.

INY: Dazu weiß er zu viel über Französisch-Polynesien.

ELMAR: Jedenfalls geht es mir bestimmt nicht wie Karl May, der, als er endlich in Kairo war, sich am Kopf kratzte und merkte, dass er die Stadt nach Büchern beschrieben hatte, die zum Zeitpunkt, als er sie las, hundert Jahre alt waren. Karl May hatte kein Internet und kein Fernsehen.

Aber warum müssen Sie in Zeiten von Internet und Fernsehen Polen oder Apulien wirklich mit eigenen Augen gesehen haben?

INY: Wissen Sie, wie Dokumentarfilme oder das Fernsehen funktionieren? Sie sehen ein wunderschönes Haus. Ständen Sie selbst an Ort und Stelle und sähen sich um, dann wäre neben diesem Haus vielleicht ein Slum. Ein Bekannter hat uns beschrieben, wie er das Weiße Haus in Washington erlebte. Gleich dahinter war, jedenfalls zu der Zeit, als er es besuchte, eine schmutzige, heruntergekommene Gegend.

ELMAR: Und auch neben dem königlichen Schloss in Brüssel gibt es nicht gerade wohnlich wirkende Viertel. Wir wollen die Dinge schon mit eigenen Augen sehen, jedenfalls, wo es möglich ist. Aber zur Vorbereitung der »Tatarin« habe ich anderthalb Jahre lang Dokumentationen über Russland angeschaut. Und für die Romane »Das Goldene Ufer«, »Der weiße Stern« und »Das wilde Land« habe ich zahlreiche DVDs angesehen.

Wenn ich es richtig sehe, haben alle Ihre Romane ein Happy End. Warum?

ELMAR: Ganz einfach. Ich mag als Leser keine Geschichten, die schlecht ausgehen. Ich habe welche gelesen, ich mochte das nicht.

Es handelt sich da also gar nicht um ein Kalkül, sondern es geht um Ihre persönliche Abneigung gegen tragisch oder traurig endende Geschichten?

❖ **»Wir wollen aufmuntern.« (Iny)** ❖

ELMAR: Ja.

INY: So ist es bei mir auch. Ich habe mir außerdem überlegt, wie das bei mir war, als ich arbeiten ging: Ärger mit dem Chef, Streit mit der Fachabteilung, und dann komme ich heim und lese ein Buch, das schlecht ausgeht – da ist meine Laune ja endgültig im Keller. Wir wollen aufmuntern.

ELMAR: Ich hätte sonst das Gefühl, mich selbst zu verraten.

Zum Schluss dieses Kapitels übers Schreiben noch einmal die Frage nach Lust und Last. Was überwiegt beim Schreiben?

ELMAR: Auf jeden Fall die Lust. Es macht Spaß, die Gedanken laufen zu lassen, in ferne Welten einzutauchen, Galaxien zu erkunden, die nie zuvor ein Mensch gesehen hat. Schreiben gehört zu meinem Leben einfach dazu. Ich habe meine Phantasie stets beschäftigt, habe mir immer Geschichten ausgedacht, bin Träumen nachgegangen. Mich hinzusetzen, irgendein Thema in Romanform umzusetzen, das ist für mich das Schönste, das ich mir vorstellen kann.

INY: Ich kann von mir das Gleiche sagen. Vor einiger Zeit war ich krank, drei Wochen konnte ich nicht arbeiten. Dann machte ich mich an die Überarbeitung eines Manuskripts. Es war die dritte oder vierte Phase, die allererste hätte ich mir noch nicht zugetraut. Aber da merkte ich, wie mich die Arbeit löste, wie sie mir guttat. Das ist eine jener Geschichten, die wir einfach so für uns und ohne Vertrag erarbeiten, der Inhalt fasziniert mich. Und wenn ich da an meiner Maschine sitze, fühle ich mich einfach gut und habe alles andere vergessen.

Leben

Lassen Sie uns jetzt, nachdem wir über Ihren Erfolg, Ihre Arbeitsmethode und Ihre Überwindung der Kritik sprachen, ein bisschen über Ihren Alltag sprechen. Ich denke, es ist nicht falsch zu sagen, dass Ihr Leben komplett vom Schreiben bestimmt wird.

INY: Das ist absolut richtig. Das Schreiben gibt unseren Rhythmus vor. Es bestimmt unseren Alltag von morgens bis abends.

Wir haben ja schon gehört, dass Sie zwischen halb neun und neun am Schreibtisch sitzen. Wann stehen Sie eigentlich auf?

INY: Zwischen sechs und sieben – ohne Wecker.

Sie sind beide, glaube ich, nicht in akademisch geprägten Familien aufgewachsen.

INY: Mein Vater hatte studiert, aber ihm ist der Krieg dazwischengekommen. Ich bin ja bei meinen Großeltern aufgewachsen. Mein Großvater war Handwerkersohn. Meine Großmutter kam aus der Familie eines Stuckateurmeisters. Meine Mutter hatte Abitur, konnte wegen des Krieges aber nichts damit anfangen.

Aber richtig ist doch, dass Sie beide auf Umwegen zum Schreiben kamen, oder?

INY: Wie man es nimmt. Ich begann mit zwölf, die ersten Texte zu schreiben. Ich habe das Schreiben wieder aufgenommen, nachdem ich das Abitur an der Abendschule gemacht hatte und am Anfang meines eigentlichen Berufslebens stand. Mir war klar, alleine konnte ich mich nicht entwickeln. Deshalb suchte ich mir Leute, von denen ich mir etwas abschauen konnte.

Was bedeutet Ihnen Geld?

INY: Dass ich meine eigenen vier Wände habe. Und dass ich ein vernünftiges Auto habe, in das ich leicht einsteigen kann. Auch dass wir den Wohnwagen haben, freut mich, denn ich kann in Hotels überhaupt nicht arbeiten, nicht gut schlafen und bekomme wegen der Klimaanlagen schlecht Luft. Wenn wir im Wohnwagen leben, hat mein Mann morgens schon mehrere Thermoskannen Tee gekocht, und es steht immer eine für mich griffbereit – das ist in Hotels schwieriger. Deswegen nehmen wir uns, wenn es ein Hotel sein muss, meist eine Junior-Suite und geben dafür unsinnig viel Geld aus. Gut atmen kann ich hier in unserem Haus, in unserem Wohnwagen und auf diesem schönen Kreuzfahrtschiff mit dem Namen »Mein Schiff«.

Wie groß ist Ihr Wohnwagen?

INY: Der dürfte innen so zehn, elf Quadratmeter haben – nicht viel, aber durch die Zwangsbelüftung ist immer frische Luft darin. Also für mich genau die richtige Wohl-fühl-Umgebung. Er wird von einem VW-Bus gezogen, und das Praktische an diesem ist, dass wir während der Fahrt so viel darin unterbringen können. Wir haben ja nur einen Viersitzer, deswegen ist viel Platz.

Und was bedeutet Ihnen Geld, Elmar?

ELMAR: Puh.

❖ **»Für mich ist Luxus, dass ich schreiben kann.«** ❖

INY: Ein finanziell relativ sorgenfreies Leben.

ELMAR: Geld bedeutet mir, dass ich meine Einkäufe im Supermarkt bezahlen kann. Obwohl ich da nicht übertreibe. Ich bin weder ein Freund von Champagner noch von Kaviar. Geld bedeutet mir vor allem, dass ich nicht arbeiten gehen muss, sondern hier sitzen und schreiben kann. Und dass wir uns die Recherchereisen leisten können.

Welchen Luxus gönnen Sie sich?

ELMAR: Luxus, was ist das? Für einen Obdachlosen ist ein Dach über dem Kopf vielleicht schon Luxus

Aber was ist Luxus für Sie?

ELMAR: Dass ich mich hinsetzen und schreiben kann.

Was gönnen Sie sich heute, das Sie sich früher nicht ge-gönnt haben?

ELMAR: Ein bisschen mehr reisen, zum Beispiel die Kreuzfahrten. Die aber auch nicht der reinen Erholung dienen. Im Vordergrund steht das Interesse an bestimmten geographischen oder historischen Schauplätzen. Wir sammeln bei diesen Fahrten Ideen für künftige Stoffe.

INY: Manchmal ist es auch so, dass wir bei den Kreuzfahrten Orte sehen, die wir dann später genauer recherchieren oder die wir gesondert ansteuern.

Wer von Ihnen kümmert sich um die Finanzen?

INY: Das Große mache ich. Für das Bargeld ist Elmar zuständig.

ELMAR: Ich bekomme das Haushaltsgeld und kaufe ein.

Noch einmal: Was bedeutet Ihnen Geld?

INY: Dieses Haus, die Hütte hier.

ELMAR: Ich hatte nie viel Geld.

Aber jetzt haben Sie doch viel Geld.

INY: Elmar weiß gar nicht, was wir haben. Es ist wirklich so. Er weiß es einfach nicht. Und es interessiert ihn auch überhaupt nicht.

Sind Sie Kunden bei einer feinen Privatbank?

INY: Wir sind ganz normal, wie ich's seit meiner Kindheit gewohnt bin, bei der Sparkasse. Und nach langen Umwegen sind wir nebenbei wieder bei der Hypo gelandet, die ja jetzt UniCredit heißt. Dort und bei zwei anderen Banken liegt das Geld, das wir jetzt wieder zu Betongold machen wollen.

Sie haben eine Affinität zu Immobilien?

INY: Ja, das kommt wahrscheinlich durch meinen Großvater. Er war durch den Ersten Weltkrieg versehrt, musste zwanzig Operationen an den Beinen überstehen. Aber er hat ein Dreifamilienhaus gebaut. Und wir durften ihn alle dafür verehren, und wahrscheinlich hat das irgendwie auf mich abgefärbt. Ich habe mir, wie schon erwähnt, als Zwölfjährige vorgenommen, ein eigenes Haus zu haben. Es wurde zuerst eine Eigentumswohnung, und jetzt investieren wir hier ganz in der Nähe unseres Hauses im Osten von München.

Jetzt bitte noch einmal zurück zu dem Wohnwagen. Von Bestsellerautoren wie Ihnen nimmt man nicht an, sie würden in einem solchen Gefährt übernachten.

INY: Er ist ein Refugium auf Reisen. Eine kleine Wohnung, in der man es sich so richtig gemütlich machen kann. Jeder von uns hat seine Arbeitsecke, die auch seine Schlafecke ist. Gut, mein Mann muss eine Menge tun, bis der Wohnwagen aufgestellt und für den Aufenthalt eingerichtet ist, er muss das Abwasser wegbringen, Frischwasser holen, das ist mehr Arbeit als im Hotel, aber es ist trotzdem gemütlicher.

ELMAR: Vor allem, wenn wir irgendwo länger als drei Nächte bleiben müssen, ist der Wohnwagen sehr viel praktischer. Zudem hat er gegenüber dem Hotel einen Riesenvorteil: Campingplätze liegen meistens im Grünen. Man ist von schöner Landschaft umgeben. Man kann spazieren gehen und ist nicht dem Getriebe einer Stadt ausgesetzt.

INY: Man ist auch nicht eingesperrt. Um den Wohnwagen stehen natürlich andere Wohnwagen herum. Aber wir haben schon Fasane oder Rehe gesehen, man ist draußen, man kann atmen. Ich bin nicht gesund auf die Welt gekommen, ich habe Schwierigkeiten mit dem Schlucken und dem Atmen, da tun mir die Campingplätze gut.

Wie stellen Sie sich Ihr Alter vor? Können Sie sich ein Leben ohne Arbeit, also ohne Schreiben, vorstellen?

ELMAR: Ich denke da an G. F. Unger.

Das war der einzige Deutsche, der zahlreiche Wildwestromane geschrieben hat, nicht?

ELMAR: Genau. Der hat im Alter von zweiundachtzig Jahren noch zwei Wildwestromane pro Jahr geschrieben. Und warum auch nicht? Die Fähigkeiten des Schreibens lassen im Alter ja nicht unbedingt nach. Im Gegenteil: Schreiben ist sehr viel Erfahrungssache. Kurzum: Solange wir beide in der Lage sind, halbwegs selbständig zu leben, sehe ich nicht, dass wir mit dem Schreiben aufhören. Vielleicht schaffe ich als alter Mann nicht mehr zehn Manuskriptseiten pro Tag. Dann werden es eben weniger

Seiten, vielleicht nur fünf. Und vielleicht mache ich dann mehr Pausen.

INY: Wir machen schon jetzt zu viele Pausen.

ELMAR: Ja gut, Iny, wir müssen mehr Pausen machen. Wir haben ja eigentlich zehn Jahre nur geschrieben, ehe wir den ersten richtigen Urlaub gemacht haben, Ende 2009.

INY: Da hast du recht.

ELMAR: Aber dass ich diese letztlich doch wunderbare Tätigkeit des Schreibens komplett an den Nagel hängen sollte, das kann ich mir überhaupt nicht vorstellen.

INY: Bei mir ist es die Frage, wie lange meine Augen durchhalten. Ich habe grünen Star. Ich stelle heute schon die Buchstaben am Computer ziemlich groß ein, aber das ist ja noch kein Problem.

In Ihrer Kleidung heben Sie sich schon heute von Menschen Ihrer Altersgruppe ab, indem Sie diese T-Shirts tragen, die ja oft erstaunlich gestaltungsfroh sind. Ich darf das vielleicht einmal schildern: Sie, Iny, tragen heute ein Shirt mit dem Bild eines Adlers mit scharfem Blick. Und auf Ihrem Shirt, Elmar, steht eine Art Feenwesen auf einer Mondsichel.

INY: Ein Traumfänger.

Was ist ein Traumfänger?

ELMAR: Ein indianisches Symbol aus dem Sonnenkreis.

Wie kommt man auf solch eine Kleidung?

INY: Bei mir fing das in der Firma an.

In dem Versicherungskonzern?

INY: Jawohl, da trug ich manchmal Shirts mit Motiven, die zum Tag passten.

Zum Beispiel?

INY: Wenn ich wusste, dass es Streit geben würde, zog ich das Shirt mit dem Rudel junger Wölfe an, die da munter durcheinanderpurzelten.

ELMAR: Wobei auch zu sagen ist, dass die Programmierung ein T-Shirt-Beruf war.

INY: Ja, die T-Shirts waren meist kurzärmelig, da behinderte einen nichts bei der Arbeit. Und an den munteren Motiven fanden wir beide bald Gefallen.

Warum tragen Sie, Elmar, auf den Fotos eigentlich immer eine Mütze? Sie haben doch schönes, volles Haar und nichts zu verbergen?

ELMAR: Das begann vor vielen Jahren in Istanbul. Als ich aus dem Flugzeug stieg, lief ich wie gegen eine Hitzewand. Drei Tage lang hatte ich Kopfschmerzen, und meine Frau sagte: »Beim nächsten Mal ziehst du eine Mütze auf.« Das tat ich dann auch. Und dann musste ich eines Tages für den Knaur Verlag fotografiert werden. Ich ging mit der Mütze ins graphische Atelier, das auch unsere Titel gestaltet, hatte die Mütze auf und trug ein einfarbiges T-Shirt, weil unsere Agentin gesagt hatte: »Ihr zieht fürs Foto nicht eure bunten Sachen an.« Ich setzte mich also hin, nahm meine Mütze ab, doch der Fotograf sagte: »Die setzen Sie sofort wieder auf.« Seitdem werde ich immer mit Mütze fotografiert. Ist eine Art Erkennungszeichen geworden.

Aber ohne Mütze sehen Sie jünger aus.

ELMAR: Na gut, ich lasse mich ja nicht fotografieren, um jünger auszusehen.

❖ **»Das ist die Krankheit der Autoren.« (Elmar)** ❖

Haben Sie eigentlich einen großen Freundeskreis?

INY: Nein, der ist denkbar klein.

ELMAR: Das ist die Krankheit der Autoren.

INY: Den größten Teil unserer Freizeit verbrachten wir früher in unserem Fantasy-Club und überhaupt in dieser ganzen Clubszene. Wir kannten nur wenige Leute außerhalb, und als wir diese Szene verließen, hatten wir kaum noch Freunde und Bekannte.

ELMAR: Mein Schichtdienst war sozial natürlich auch nicht förderlich. Und es kommt hinzu, dass wir beide sehr einsam aufgewachsen sind. Bei mir auf dem Land waren die etwa Gleichaltrigen zweieinhalb Kilometer entfernt.

INY: Und ich durfte nicht mit anderen Kindern spielen. Es hätte sich bei uns auch schwerlich ein Kind hereingetraut. Ich hab die Hunde gehabt zum Spielen. Ich habe das heute noch im Ohr: »Du darfst mit den anderen Kindern nicht spielen. Bleib im Haus! Spiel im Garten!«

Warum?

INY: Ich denke, es lag daran, dass mein Großvater mit der Nachbarschaft über Kreuz war.

ELMAR: Er war ein Mann mit einem Bein und mit vielen Schmerzen.

INY: Die Zwangseinquartierungen damals müssen eine Rolle gespielt haben. Dadurch, dass mein Großvater oberschenkelamputiert aus dem Ersten Weltkrieg zurückgekommen war, musste er keine Flüchtlinge aufnehmen. Und meine leibliche Mutter und mein Vater durften deshalb eine eigene Wohnung bewohnen. Da muss es wahnsinnigen Krach gegeben haben. Vor allem, weil die Leute wütend waren, dass meine Eltern nicht bei meinen Großeltern, also bei ihren Eltern wohnten, sondern in einer eigenen Wohnung sozusagen den anderen den Platz wegnahmen.

Ihr Großvater war also schwierig.

INY: Können Sie sich doch vorstellen. Er hatte Phantom-schmerzen. Und er hatte Schwierigkeiten mit Knochen-wucherungen. Und er war sehr viktorianisch eingestellt: Es war alles verboten, was er mir und meiner Großmutter nicht explizit erlaubte.

Und die Großmutter?

INY: Wenn ich böse sein wollte, würde ich sagen: seine Sklavin.

❖   **»Meine Großmutter war ein Engel.« (Iny)**   ❖

War sie lieb zu Ihnen?

INY: Ach, meine Großmutter war ein Engel.

Die Liebe haben Sie von Ihrer Großmutter bezogen?

INY: Ja.

Sie war Ihre eigentliche Mutter?

INY: Ja. Das war eine wunderbare Frau. Sie hatte bei dem Mann natürlich kein leichtes Leben. Sie war daher ein bisschen launisch, manchmal jedenfalls. Vielleicht über-fordert. Aber mein Gott, ohne meine Großmutter würde ich wahrscheinlich nicht mehr leben.

Sie haben ja viele Fans, begeisterte Leser. Pflegen Sie den Kontakt mit ihnen?

INY: Einige wenige sind mit uns regelrecht befreundet, wir natürlich auch mit ihnen. Die laden wir sogar zu uns nach Hause ein.

ELMAR: Neben den Lesungen kommen wir immer wieder auch auf der Buchmesse in Kontakt zu Lesern und Fans. Wir machen regelmäßig »Dienst« am Stand unseres Verlags und kommen dort mit Besuchern ins Gespräch. Das sind im Getümmel der Messe an den Publikumstagen meist aber keine besonders tiefgehenden Gespräche. Konzentrierter geht es an den Fachbesuchertagen zu, da kommen dann auch mal Blogger, und mit denen ergeben sich fachkundige, konzentrierte Gespräche. Weil unsere Hörbücher bei Lübbe Audio herauskommen, lassen wir uns auch immer am Lübbe-Buchmessestand sehen.

INY: Unsere Bücher, die ja von Knaur verlegt werden, haben wir daher schon öfter am Lübbe-Stand signiert.

Ich habe auf Ihrer Homepage gesehen, dass Sie sich auch noch die Mühe machen, dort über Ihre Lesereisen zu berichten. Warum tun Sie das? Sie haben doch genug zu tun.

INY: Damit unsere Fans etwas davon erfahren. Man muss so etwas sicherlich nicht tun, aber wie sollen wir die Seite denn sonst lebendig erhalten? Wir signalisieren, indem wir die Homepage bearbeiten, doch auch Interesse für unsere Fans.

ELMAR: Dann und wann muss sich auf einer solchen Homepage etwas ereignen und ändern. Die Fans sollen wissen, was und dass sich bei uns etwas tut. Wenn man eine solche Homepage nicht pflegt, kann man sie eigentlich gleich einstellen.

INY: Es gibt Autorenseiten, die sich seit ein, zwei Jahren nicht geändert haben. Das ist nicht gut. Auch auf der Facebook-Seite, die der Verlag für uns eingerichtet hat, tut sich dann und wann etwas.

Können Ihre Fans direkt über die Internetseite Kontakt mit Ihnen aufnehmen?

ELMAR: Nein, aber da ist die E-Mail-Anschrift unseres Webmasters angegeben, der sortiert die Mails und leitet sie an uns weiter. Beim Verlag ist das auch so. Als sie uns etwas mal ungefiltert weitergaben, kam gleich eine äußerst üble Beschimpfung bei uns an.

Gibt es Anhänger, die alle Ihre Bücher gelesen haben?

INY: Jedenfalls gibt es viele, die es uns erzählen. Also, das kommt schon vor, dass beim Signieren Menschen erscheinen, die sagen, sie hätten sämtliche Titel gelesen. Wir verteilen ja kräftig unsere Autogrammkarten, auf deren Rückseite alle unsere Bücher aufgeführt sind – da können die Leser überprüfen, ob sie noch Nachholbedarf haben. Jedenfalls glaube ich, wenn jemand es sagt, dass es wahr ist. Für uns ist es wichtig, im Kontakt mit den Lesern zu bleiben, auch bei solchen Gesprächen.

ELMAR: Bei mir ist das Interesse etwas geringer. Ich bin kein Kontaktriese.

INY: Elmar bremst mich immer, wenn ich beim Signieren anfange, mit den Leuten zu reden. Aber die freuen sich über so ein Gespräch. Ich bin ja daheim eher still. Mein Problem ist, dass ich mich zu Hause relativ wenig unterhalten kann. Ich rede mit Elmar fast nur übers Schreiben, das allerdings viel. Und über Reiseplanungen.

ELMAR: Manchmal auch über politische Fragen.

INY: Aber er konzentriert sich dann wieder schnell auf das laufende Manuskript oder auf die neue Recherche. Was mir im Prinzip zu wenig an Gesprächen ist. Deshalb freue ich mich, wenn ich mich am Telefon ausgiebig unterhalten kann, etwa mit einer befreundeten Künstlerin oder einer lieben Kollegin. Gott sei Dank lebt unsere Lektorin Ingeborg am selben Ort wie wir. Mit ihr kann ich viel reden.

ELMAR: Die beiden reden manchmal zwei Stunden, während ich vielleicht zwei Worte sage.

INY: Dabei reden Männer im Prinzip nicht weniger, aber halt über ganz besondere Themen.

Autos und Frauen?

ELMAR: Nein, Autos interessieren mich nur insofern, als sie mich von A nach B bringen. Und bei Frauen fahre ich eigentlich auch nicht auf die gängigen Attribute ab. Ich weiß noch, wie wir in der Firma im Kollegenkreis in einer Boulevardzeitung ein Foto von Naomi Campbell und ihrer Mutter ansahen. Und alle Männer fuhren auf die

Tochter ab, aber ich sagte, ich würde, wenn schon, lieber die Mutter nehmen. Naomi war aufgedonnert mit Schminke und Kampftretern, während ihre Mutter eine gutaussehende, natürliche Frau um die vierzig war.

Noch einmal zu Ihrem Tagesverlauf, der vom Schreiben bestimmt wird. Würden Sie auch den Ausdruck »vom Schreiben diktiert« akzeptieren?

ELMAR: Absolut, weil es ja stimmt. Unser Leben bedeutet erstens: wir schreiben, zweitens: wir schreiben, und drittens: wir schreiben. Wir haben uns diesem Diktat aber freiwillig unterworfen.

Und am siebten Tag herrscht Ruh'?

ELMAR: Nein. Als wir mit unseren Brotberufen aufhörten, sagten wir: Fünf Tage in der Woche schreiben wir, und samstags und sonntags unternehmen wir etwas.

INY: Das musste nicht unbedingt der Samstag und der Sonntag sein, aber an zwei Tagen in der Woche wollten wir etwas anderes tun.

ELMAR: Aber es wurden dann sehr schnell sieben Tage die Woche Schreiben.

Ist das gesund?

ELMAR: Solange wir es freiwillig tun – was soll daran verkehrt sein?

Rat für angehende Autoren

Ich habe den Eindruck, dass es sehr, sehr viele Menschen drängt, einen Roman zu schreiben. Was halten Sie davon, im stillen Kämmerlein ein Manuskript zu verfertigen und es dann »unverlangt« an einen Verlag zu schicken?

ELMAR: Man kann diesen Kollegen und Kolleginnen nur von Herzen viel Glück wünschen.

INY: Das sie aber in den seltensten Fällen haben werden.

ELMAR: Ein Lektor von Piper hat einmal erzählt, dass dort im Verlag einundzwanzig Manuskripte pro Tag eingehen, unverlangt. Und sie nehmen im Jahr vielleicht eines davon.

Dann gibt es noch viele Menschen, die echte Literaturliebhaber sind. Diese Freunde des Wortes oder der Bücher haben Lust an Texten, können vielleicht auch treffend oder witzig formulieren. Aber es mangelt ihnen an Einfällen für die Handlung eines Romans oder auch nur einer Erzählung oder Kurzgeschichte. Oder sie kennen einen flotten Anfang und wissen nicht mehr, wie es weitergehen könnte. Was würden Sie denen empfehlen?

INY: Ich würde als Erstes einen Rat geben, der Sie vielleicht erstaunt. Romane, aber auch Fantasy und Science-Fiction sind Extrapolationen der Realität. Deshalb kann man über die reale Welt nie genug wissen. Weshalb es sehr nützlich ist, viele Sachbücher gelesen zu haben oder sich mit Geschichte und auch mit Naturwissenschaften oder Kunsthistorie zu beschäftigen. Wer sich in ein Fachgebiet oder in eine historische Phase hineinkniet, sich damit inhaltlich tiefer beschäftigt, dem fliegen auch die Geschichten, die erzählerischen Elemente, die sich aus diesem Stoff ergeben, wie gebratene Tauben in den Mund.

❖ **»Es wäre ein Fehler,** ❖
nach dem Erfolg zu suchen.« (Iny)

Suchen Sie denn immer nur nach dem Thema, oder suchen Sie nicht immer vor allem nach dem Erfolg?

INY: Nein, nach dem Erfolg zu suchen, das wäre ein Fehler. Wir suchen auch gar keine Themen, die Themen verfolgen uns geradezu.

ELMAR: Die Themen suchen sozusagen nach ihren Autoren. Wir wollen einfach die Stoffe thematisieren, die uns interessieren. Auch wenn wir genau wissen oder doch ahnen, dass wir damit nie den Erfolg der »Wanderhure« erreichen. Deshalb beschreiben wir ja auch ganz unterschiedliche Zeiten und sehr unterschiedliche Gegenden. Ein Roman wie »Die Rose von Asturien« war kein Riesenerfolg.

INY: Er hat uns aber einen Riesenspaß gemacht. Das war einer der Romane, den wir geschrieben haben, ohne es jemandem vorher zu verraten.

Der Roman handelte von dem Feldzug Karls des Großen gegen Spanien?

ELMAR: Genau. Er ist auch ins Spanische übersetzt worden.

Aber zurück zur Themenfindung. Wenn ich Sie beide recht verstehe, empfehlen Sie angehenden Autoren, nicht auf Erfolgsrezepte zu schielen, sondern Stoffe zu bearbeiten, von denen sie fasziniert sind?

ELMAR: Ja, schon deshalb, weil man gerade am Beginn einer Autorenkarriere wahrscheinlich lange über einem ersten Romanmanuskript brütet. Wenn einen da der Stoff nicht brennend interessiert, kann die Angelegenheit mühsam werden.

INY: Und wie sollte denn ein solches »Erfolgsrezept« auch aussehen? Wie eine chemische Formel oder ein Kochrezept? Man nehme vierzig Prozent Spannung, zehn Prozent Sex und fünfzig Prozent fürs Gemüt? Nein, das geht nicht.

Sie beide haben von Kindesbeinen an Bücher gelesen, in Ihrem Fall muss man ja sagen: verschlungen. Kommt es dabei für spätere Autoren darauf an, dass man überhaupt liest? Oder ist es besser, gleich von Anfang an auf den Stil zu achten?

INY: Ich glaube, kein Kind oder Jugendlicher achtet schon auf den Stil oder fragt sich, mit welchen Mitteln der Autor so ein fesselndes Buch verfasst hat. Kinder wollen einfach Spannung und Humor, das ist das Entscheidende.

Und als Erwachsene, haben Sie da auf den Stil geachtet, auf erzählerische Kniffe, auf Spannungsverstärker, auf Tricks wie Cliffhanger, auf Collagetechniken?

ELMAR: Immer noch nicht so sehr. Aber ich glaube, dass bei so exzessiver Lektüre, wie wir sie hinter uns haben, der gute Stil oder die passende »Konstruktion« von Texten irgendwie abfärbt, denn wir haben ja wirklich Abertausende von Büchern gelesen. Aber dieses Abfärben – das ist sicherlich ein eher unbewusster Vorgang. Und ich wäre da vorsichtig mit Ratschlägen. Wie ich an anderer Stelle schon einmal sagte: Auch wir haben kein Patentrezept. Wir könnten keine Schreibseminare abhalten und anderen Autoren zeigen, wie es geht.

INY: Wir können nur dankbar registrieren, dass die Art, wie wir schreiben, bei vielen Menschen eben ganz gut ankommt. Und solche Reaktion kann ja auch jeder Anfänger austesten, indem er seine Texte Menschen aus seiner Umgebung zu lesen gibt. Wenn die schon auf der zweiten Seite anfangen zu gähnen, merkt er, dass er etwas falsch gemacht hat.

ELMAR: Und wenn die Testleser mehr wollen, dann ist er auf einem guten Weg.

Ihre erste Empfehlung an künftige Autoren ist lesen?

INY: Lesen, lesen, lesen! Der schwedische Schriftsteller Håkan Nesser sagt sinngemäß: »Man muss mindestens tausend Bücher gelesen haben, bevor man ein einziges schreiben kann.« Der Mann hat recht. Auch wenn man gar nicht bewusst auf Sprache und Komposition achtet, verinnerlicht man gleichsam automatisch, was einem später als Autor hilft.

ELMAR: Was wir beim Lesen gut fanden und nicht gut fanden – beides hat in uns Spuren hinterlassen.

Empfehlen Sie angehenden Autoren, Bücher über die Technik des Schreibens zu lesen?

INY: Schaden wird es auf keinen Fall. Man muss allerdings wissen, dass solche Bücher sich meist mit der Sprache beschäftigen. Also vor allem mit stilistischen Fragen.

ELMAR: Aber nicht mit dem Erzählen.

❖   **»Es geht nichts übers Erzählen.«** (Elmar)   ❖

INY: Genau, aber das ist wahrscheinlich auch das, was man schlecht lehren oder vermitteln kann.

ELMAR: Es geht nichts übers Erzählen. Wir haben ja gelegentlich auch schon bei Schreib-Workshops von Kollegen aus Interesse dabeigesessen und zugehört. Und da haben wir uns schon manchmal gefragt, ob die Adepten später beim Schreiben mehr an die Regeln denken würden oder einfach ans Erzählen. Wenn man mit einem Regelwerk vollgepumpt wird, verliert man vielleicht auch seine erzählerische Unbefangenheit. Dann kaut man bei jedem dritten Satz am Kuli und fragt sich, ob man nicht gerade gegen irgendwelche Regeln verstoßen hat.

INY: Unser Schwerpunkt liegt auf dem Erzählen. Übrigens erzählen wir ja nicht nur schreibend. Wir erzählen auch gern im buchstäblichen Sinne, indem wir uns hinsetzen und mit dem Erzählen anfangen. Wir könnten Menschen pausenlos erzählend unterhalten. Wahrscheinlich gibt es kluge Schemata, wie ein Roman aufgebaut sein muss, nach wie vielen Minuten des Lesens oder nach wie vielen Seiten ein Wendepunkt einsetzen muss. Aber wir kümmern uns nicht darum.

ELMAR: Schemata mögen für Drehbücher von Hollywoodfilmen in Ordnung sein und auch zutreffen, aber bei Romanen hat es etwas Künstliches. Eine Wende im Roman muss da kommen, wo sie hingehört, wo sie sich ergibt, wo sie notwendig oder überraschend wird. Außerdem verlangt, glaube ich, jeder Stoff eine jeweils andere Erzählart, einen anderen Ton. Ich kann einen Liebesroman nicht im selben Takt, im selben Ton schreiben wie einen Thriller.

Haben Sie gar keine Lust auf Ratschläge für junge Autoren? Oder besser: angehende Autoren, denn die müssen ja nicht notwendigerweise jung sein?

ELMAR: Wir haben eines gelernt: Viele Autoren – mögen sie jünger oder älter sein – haben gar kein Interesse an unseren Ratschlägen.

INY: Das haben wir wirklich oft gemerkt. Unsere Ratschläge hätte man auch genauso gut der Katze geben können.

Warum?

ELMAR: Weil unsere Ratschläge Arbeit bedeuten.

Nämlich?

❖ **»Zum Schreiben gehört auch** ❖
Wegschmeißen.« (Elmar)

INY: Lesen, lesen, lesen! Schreiben, schreiben, schreiben! Überarbeiten, überarbeiten, überarbeiten!

ELMAR: Und eines kommt noch hinzu: Wegschmeißen! Wir haben Tausende von Seiten weggeschmissen. Schreiben ist nämlich auch sehr viel Versuch und Irrtum.

Es gibt ja unendlich viele Menschen in Deutschland, die gerne Bücher veröffentlichen würden. Aber »unverlangt eingesandte Manuskripte«, das haben Sie schon dargelegt, haben so gut wie gar keine Chance. Und »Self Publishing« im Internet oder »Books on Demand« sind auch nicht automatisch erfolgreich. Wenn also jemand zu Ihnen kommt und sagt: »Ich möchte endlich meinen Roman veröffentlichen, den ich richtig gut finde, aber der schon zwanzig Mal abgelehnt wurde« – was raten Sie dem?

INY: Wir würden aufgrund unserer Erfahrungen auf jeden Fall empfehlen, sich einen tüchtigen Literaturagenten zu suchen. Aber auch das kostet Zeit und Mühe. Wir haben acht Versuche gestartet, ehe wir gottlob an Lianne Kolf gerieten. Erst da begann ja unser Erfolg.

Sie sind mit Ihrer Agentin sehr zufrieden?

ELMAR: Ja. Ohne sie würden Sie hier nicht sitzen und uns interviewen.

INY: Sie hat sehr viel für uns getan. Mein Gott, was wären wir ohne Lianne Kolf!

Aber ein Agent bekommt fünfzehn bis zwanzig Prozent vom Kuchen der Honorare und Vorschüsse.

INY: Gut, dann muss sich der angehende Autor halt fragen, ob er null Euro ohne Agenten verdienen will oder ob er einen Agenten findet, der ihm die Tür zum Erfolg öffnet und den er für dessen Arbeit am Erfolg teilhaben lässt. Im Übrigen sind die Tantiemen, die an den Agenten fließen, für den Autor steuerlich absetzbar. Wir können nur sagen, dass wir gottfroh sind, unsere Agentin gefunden zu haben.

ELMAR: Im Übrigen entspricht die Tätigkeit eines literarischen Agenten den Kräften des Marktes: Der Agent will ein möglichst dickes Stück vom Honorarkuchen, das ist auch sein gutes Recht. Aber deshalb holt er auch einen höheren Vorschuss heraus, von dem wiederum beide profitieren, Autor und Agent.

INY: Eins kommt ja hinzu: Wenn sich der Verlag auf einen relativ hohen Zuschuss eingelassen hat, strengt er sich auch mehr an, macht vielleicht mehr Werbung, intensivere Pressearbeit, lädt zu Präsentationen ein, initiiert Lesungen. Und da haben wir noch gar nicht von den schwierigen Fragen gesprochen, die auf Autoren zukommen, wenn ihr Roman verfilmt werden soll.

Gut, das war jetzt einmal eine klare Ansage an angehende Autoren. Was ist mit kleinen Verlagen? Die meist keine Marktmacht haben, also weder im Vertrieb noch in der Öffentlichkeitsarbeit? Würden Sie solche kleinen Verlage angehenden Autoren empfehlen?

INY: Kleine Verlage müssen, vor allem am Anfang, nicht schlecht sein. Zumal sie eher einen Titel veröffentlichen als ein ausgefuchster Publikumsverlag, der sehr streng auf das Kosten-Nutzen-Verhältnis schauen muss. Wenn einem als jungem Autor klar ist, dass man nicht den Jahrhundertroman geschrieben hat, wie viele es sich einbilden, dann hat man in einem Nischenverlag vielleicht eher die Chance auf eine Veröffentlichung und hat damit schon etwas in der Hand, nämlich ein erstes Buch, das einem unter Umständen auch bei den größeren Verlagen eine gewisse Legitimation verleiht.

Was halten Sie von den Verlagen, die Druckkostenzuschüsse verlangen und ansonsten nichts oder wenig zur Verkaufsförderung eines Buches tun? Sie hatten an anderer Stelle ja schon Vorsicht signalisiert.

INY: Ich rate aber nicht in jedem Fall davon ab. Wir kennen zum Beispiel eine Autorin, die sehr viele vergebliche Versuche unternommen hat, ein Büchlein zu veröffentlichen. Sie schreibt auch wirklich nette Dinge. Und der habe ich geraten, sich an einen Druckkostenzuschuss-Verlag mit moderaten Preisen zu wenden, damit sie endlich einmal ein eigenes Buch in Händen halten kann.

❖
»Ein Buch ist noch immer etwas ganz Besonderes.« (Iny)
❖

Da fällt mir die sehr erfolgreiche Krimi-Autorin Ingrid Noll ein, die erst relativ spät, als die Kinder aus dem Haus waren, mit dem Schreiben anfing. Sie hat einmal erzählt, dass sie ihr erstes Buch tagelang wie ein Baby durch ihr Haus getragen hat.

INY: Ja, so ist das. Ein Buch ist eben noch immer etwas ganz Besonderes. Daran ändern auch unsere digitalen Zeiten nichts. Jedenfalls hatte ich unserer Freundin auch erklärt, wie solche Zuschussverlage arbeiten und dass sie ihr Buch nie in einer Buchhandlung entdecken werde. Aber dennoch war es in ihrem Fall wichtig, dass einmal ein Buch von ihr herauskam.

Was halten Sie von Self Publishing?

INY: Dafür spricht, dass das Buch, der Roman oder das Sachbuch, öffentlich und zugänglich wird. Dagegen spricht, dass man keinen Verlag hat, also kein ordentliches Lektorat, keine Instanz, die die Gesetze des Buchmarkts, des Vertriebs kennt und die einen auch vor Fehlern warnt.

ELMAR: Ich kann nur sagen, ich könnte mir Veröffentlichungen ohne Verlag gar nicht vorstellen. Der Verlag stellt uns ja nicht nur eine sehr sachkundige Lektorin an die Seite, er kennt auch den Markt und weiß ihn zu bearbeiten.

INY: Es gibt, das muss man aber auch sagen, Selbstveröffentlicher, die großen Erfolg haben, so dass sich die Verlage um sie reißen. Das ist ja auch der Trick vieler Verlage, dass sie Self Publishern im Internet die Chance geben, E-Books herauszugeben. Es ist eine Methode, Talente abzuschöpfen, wenn Sie so wollen.

Nennen Sie bitte einmal für die Leser oder Autoren, die sich da nicht so gut auskennen, eine Internetadresse?

INY: www.neobooks.com von unserem eigenen Verlag Droemer Knaur zum Beispiel. Oder www.selfpublisherbibel.de oder die Amazon-Plattform www.createspace.com. Viele weitere Adressen kann man mühelos googeln, das ist ja eine große Sache geworden. Allerdings ist meiner Ansicht nach noch immer der Buchhandel die wirksamste Form, Bücher an die Leser zu bringen.

ELMAR: Die beste Werbung für ein Buch ist, wenn es mit dem Cover nach oben in der Buchhandlung liegt.

Ist nicht die allerbeste Buchwerbung die persönliche Weiterempfehlung?

INY: Für solches Graswurzel-Marketing brauchen Sie aber einen gewissen Grundstock. Es müssen erst einmal dreitausend oder fünftausend oder zehntausend Exemplare in Umlauf kommen, ehe eine Frau auf dem Spielplatz das Buch liest und von der nächsten gefragt wird, was sie da liest. Glauben Sie mir eins: Unsere Bücher sind durch den Buchhandel und das daraufhin einsetzende Graswurzel-Marketing groß geworden.

ELMAR: In der Buchhandlung sehen die Menschen ein Buch, sie können es in die Hand nehmen, den Text auf dem Buchrücken lesen, in den Seiten blättern. Die E-Books haben kein Gesicht mehr. Die Leute haben ein Lesegerät wie den Kindle in der Hand, da sieht man nicht, was sie lesen. Hält jemand dagegen ein Buch in der Hand, ist der andere beinahe automatisch neugierig. Was liest der da, was fesselt den jetzt so?

Aber Ihr eigener Verlag experimentiert ja auch mit E-Books und E-Serials.

INY: Das ist richtig und muss wohl auch so sein. »Die Wanderapothekerin« gibt es seit 2014 als E-Serial und als E-Book. Und kommt als Taschenbuch erst 2017 auf den Markt.

Wie verkauft sich das Buch auf diesem elektronischen Weg?

ELMAR: So gut, dass uns der Verlag im Nacken sitzt und eine Fortsetzung will. Denn auch viele Käufer von E-Books schauen auf die Namen der Autoren.

INY: Wenn man einen Namen hat, kann man auch gut ein E-Book verkaufen. Allerdings hat der Verlag sehr viel Werbung gemacht. Auch das Folgebuch, das wahrscheinlich »Die Laborantin« heißt, wird zunächst als E-Serial herauskommen. Ob es dann 2017 gemeinsam mit der »Wanderapothekerin« erscheint oder erst später, das wissen wir nicht.

ELMAR: Das ist die Sache unserer Agentin. Darum kümmern wir uns gar nicht.

❖ **»Als Autor muss man auch nach dem Interesse des Kritikers fragen.« (Iny)** ❖

Sie könnten jetzt noch ein Wort sagen zum Umgang mit Kritik.

ELMAR: Man darf Kritik nur von Leuten annehmen, die offen und ehrlich sind.

INY: Na gut, man kann auch fragen: Ist die Kritik fundiert? Ist sie gut begründet? Ist die Kritik pauschal, also unbegründet – nach dem Motto »Pissbuch, gehört ins Klo« –, sollte man sie ganz schnell vergessen, abschütteln. Und vor allem sollte man sich ansehen, wie die Kritiken bei sehr erfolgreichen Autorenkollegen aussehen. Da wird man schnell sehen, dass diese Bestsellerautoren genauso schlechte Kritiken abbekommen wie der ganz normale Midlist-Autor. Umgekehrt ist auffällig, dass viele Self Publisher nur durch Fünf-Sterne-Beurteilungen geadelt werden. Kritik ist also sehr zu hinterfragen. Man muss als Autor immer auch nach dem Interesse des Kritikers fragen. Wenn man das durchschaut hat, kann man negative Kritik sehr viel besser einordnen.

ELMAR: Und besser mit ihr fertigwerden.

Gleichwohl haben Sie beide ja die Kritik einer Person so an sich herankommen lassen, dass Sie fast zehn Jahre nicht mehr schreiben wollten oder konnten.

INY: Richtig, aber das war jemand, der uns veröffentlicht hatte. Der zum damaligen Zeitpunkt eine Autorität für uns war.

ELMAR: Es war ja auch nicht die Kritik allein, durch die wir vorübergehend verstummten, sondern durch einen Personalwechsel in den Verlagen zum damaligen Zeitpunkt verloren wir die wichtigen persönlichen Kontakte, die zum Veröffentlichen von Texten unerlässlich sind. Hätten wir solche Kontakte weiter pflegen können, hätten wir die Kritik gewiss auch besser weggesteckt.

Aber wenn wir an die Menschen denken, die gern auf Ihren Erfolgsspuren wandeln würden, was geben Sie denen in Bezug auf Kritik an die Hand?

INY: Noch einmal: Ich würde raten, die Kritik zu hinterfragen. Erstens: Ist das jemand Kompetentes, der mich da kritisiert? Zweitens: Verbirgt sich vielleicht ein Neider hinter einer Kritik im Internetforum oder bei Amazon? Dann kann man das Ätzende viel besser wegstecken.

ELMAR: Ich würde mich drittens aber auch fragen, ob ich vielleicht etwas Konstruktives aus dieser Kritik für mich mitnehmen kann. Wenn irgendein handwerklicher Hinweis berechtigt ist, beispielsweise über die Länge der Sätze in einem Buch, dann würde ich mich prüfen, ob meine Sätze wirklich zu lang waren. Vielleicht hat der Kritiker ja recht, und ich profitiere von seinem Hinweis.

INY: Vielleicht muss man aber auch zugeben, dass Kritik gerade am Anfang einer schriftstellerischen Laufbahn sehr, sehr verletzend und verunsichernd sein kann. Und da muss man dann auch irgendwie durch, das muss man lernen wegzustecken. Dem einen hilft vielleicht ein Wutausbruch, dem anderen ein Tränchen.

ELMAR: Eine junge Autorenkollegin ist durch Troll-Kritiken fast schreibunfähig gemacht worden.

Was sind Troll-Kritiken?

INY: Ein Troll ist jemand, der destruktive Freude daran hat, im Internet andere zu beleidigen oder zu verhöhnen.

Und Ihre junge Autorenkollegin war durch solche Kritik beinahe gelähmt in ihrem Schreibimpuls?

INY: Das ist das, was Außenstehende vielleicht nicht begreifen können: Schreiben betrifft die ganze Existenz. Der Autor, der ein halbes Jahr oder vielleicht sogar zwei Jahre an einem Manuskript gearbeitet hat, der identifiziert sich zu hundert Prozent mit seinem Text, er verkörpert ihn geradezu. Und Kritik am Text trifft dann immer auch die ganze Person.

ELMAR: Jedenfalls kamen wir dahinter, dass die junge Kollegin vor allem von einer anderen Kollegin fertiggemacht worden war, und zwar anonym.

INY: Als ich das ihrer Lektorin erzählte, ist die mir telefonisch beinahe um den Hals gefallen, denn nun war diese Kritik viel weniger demotivierend, weil sie rein interessengesteuert war. Seitdem sie das weiß, ist ihre Schreibblockade Geschichte. Vielleicht helfen solche Erfahrungsberichte Autoren, die noch frisch im Geschäft sind.

Sie selbst kennen das ja aus eigener Anschauung: Wenn man berufstätig ist, kann man nicht die volle Kraft aufs Schreiben richten. Andererseits hat man meist nicht genügend materielle Reserven, um zu kündigen und zu versuchen, vom Schreiben zu leben. Was empfehlen Sie?

INY: Das muss jeder selbst wissen. Empfehlen würden wir diesen Weg der Radikalkur jedenfalls niemandem.

ELMAR: Man muss aber auch wissen, dass der Weg, den wir gegangen sind, also Schreiben und Beruf zu verbinden versuchen, schwierig ist. Ich hatte ja schon erwähnt, dass mich das bis an den Rand der Erschöpfung gebracht hat.

Zum Schluss vielleicht einen letzten Rat?

ELMAR: Wer vom Schreiben leben will, lässt sich auf ein großes Abenteuer ein. Man kann unsere Erfahrungen natürlich nicht verallgemeinern. Aber wenn es jemandem möglich ist, einen Schreibpartner zu finden, so, wie es sich bei uns durch Zufall ergab, dann hat er es sehr viel leichter.

INY: Ja, dann bekommt er sofort Resonanz auf seinen Text. Das Manuskript wird korrigiert, recherchiert, verbessert, in seiner Plausibilität überprüft.

ELMAR: Es ist natürlich klar, dass man sich einen solchen Schreibpartner nicht backen kann. Aber mir scheint, viele Autoren sind allzu sehr Einzelgänger. In der jeweils für ein Individuum passenden Weise jemanden beim Schreiben an seiner Seite zu wissen ist auf jeden Fall ein Riesenvorteil.

Happy End

Sie haben ja sehr deutlich gemacht, dass Sie nur Bücher mit glücklichem Ausgang mögen, sowohl als Leser wie als Schreiber. Also wollen wir auch für dieses Buch ein Happy End finden, einverstanden?

BEIDE: Einverstanden.

Können Sie das Bücherschreiben ehrlichen Herzens empfehlen?

ELMAR: Ja und nein.

INY: Wenn es eine Leidenschaft ist, kann man sowieso nicht anders. Schreiben ist Lust und Last zugleich.

ELMAR: Aber mehr Lust. Viel mehr Lust.

Dann hätten wir doch jetzt ein Happy End, oder?

BEIDE: Ja.

Vielen Dank für das Gespräch.

BEIDE: Gern geschehen.

Iny Lorentz

Die Wanderhure

Die Kastellanin

Das Vermächtnis der Wanderhure

Die Tochter der Wanderhure

Töchter der Sünde

Die List der Wanderhure

»Mittelalter erwacht zum Leben.«
Bild am Sonntag